华章经管
HZBOOKS | Economics Finance Business & Management

智能+制造

企业赋能之路

SMART MANUFACTURING
THE ROAD TO ENTERPRISE EMPOWERMENT

孙延明 皮圣雷 胡勇军 孙丽君 —— 著

机械工业出版社
China Machine Press

图书在版编目（CIP）数据

"智能+"制造：企业赋能之路 / 孙延明等著. —北京：机械工业出版社，2020.2

ISBN 978-7-111-65572-5

I. 智… II. 孙… III. 智能制造系统 – 制造工业 – 企业战略 – 研究 – 中国 IV. F426.4

中国版本图书馆 CIP 数据核字（2020）第 077009 号

　　本书将"智能+"赋能制造诠释为"互联网+""大数据+"和"人工智能+"制造，即新一代信息技术与制造业深度融合的广义智能制造。本书通过对当下流行的相关技术和产业名词的概念剖析、内涵阐释，以及对全球"智能+"赋能制造业发展现状的梳理，构建了中国"智能+"赋能制造业的发展战略框架，尝试指出发展的战略方向和路径，并提出了"智能+"赋能制造业的战术方法，全面反映了数字经济时代作者对"智能+"赋能制造业的认识理解和战略思考。

出版发行：机械工业出版社（北京市西城区百万庄大街 22 号　邮政编码：100037）

责任编辑：程天祥　　　　　　　　　　　　　责任校对：殷　虹

印　　刷：北京诚信伟业印刷有限公司　　　　版　　次：2020 年 5 月第 1 版第 1 次印刷

开　　本：170mm×230mm　1/16　　　　　　印　　张：15.5

书　　号：ISBN 978-7-111-65572-5　　　　　定　　价：59.00 元

客服电话：（010）88361066　88379833　68326294　　投稿热线：（010）88379007

华章网站：www.hzbook.com　　　　　　　　　　　　读者信箱：hzjg@hzbook.com

版权所有 • 侵权必究
封底无防伪标均为盗版
本书法律顾问：北京大成律师事务所　韩光/邹晓东

SMART MANUFACTURING **前言**

  "智能+"是李克强总理继 2015 年把"互联网+"写入中国政府工作报告[一]之后，于 2019 年 3 月 5 日在第十三届全国人民代表大会上作政府工作报告[二]时提出的新概念。报告指出，2019 年要打造工业互联网平台，拓展"智能+"，为制造业转型升级赋能，提升产品和服务品质，让更多国内外用户选择中国制造、中国服务。可以预见，"智能+"将接棒"互联网+"，成为第四次工业革命背景下推动中国制造业高质量发展，打造国际水准的先进制造业的新动能。基于互联网、大数据和人工智能技术，在中美贸易摩擦背景下，"智能+"赋能制造应时而生，中国制造业紧跟新一代信息技术革命步伐，抓住实现转型升级的难得机遇，具有重大战略意义。

  那么，究竟什么是"智能+"制造？与智能制造是什么关系？什么是赋能？"智能+"对制造业的赋能是指什么？有什么价值，有那么紧迫吗？当今"智能+"制造的国内外发展环境和状况如何？中国制造业如

  ㊀ 李克强. 政府工作报告［R/OL］.（2015-03-05）［2015-03-17］. http://cpc.people.com.cn/n/2015/0317/c 64094-26702593.html?rsv_upd=1.

  ㊁ 李克强. 政府工作报告［R/OL］.（2019-03-05）［2019-03-17］. http://politics.people.com.cn/n1/2019/0317/c1001-30979428.html.

何利用"智能+"进行赋能？需要什么样的条件？采用什么样的方法？诸如此类都是摆在当下制造业从业人员、相关人员面前的现实问题，并且亟须找到答案。

围绕这些问题，我们从技术管理视角入手，不回避制造和IT领域的相关技术，尽量用科普性的、管理和产业经济的话语体系进行阐述，结合前期研究和实践基础撰写了本书。全书分为三篇，共九章，力图回答上述问题，总体内容结构如图0-1所示。

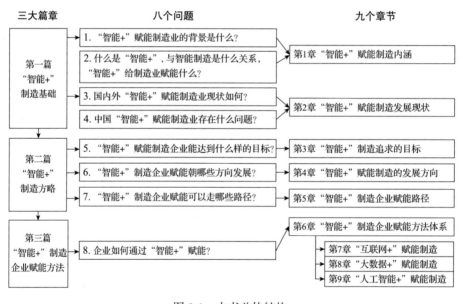

图0-1　本书总体结构

我撰写了第一篇，共分为两章：第1章从概念层面阐述了"智能+"赋能制造的内涵；第2章从产业和相关技术发展历史的视角梳理了"智能+"赋能制造业的国内外发展现状，分析了中国"智能+"制造存在的问题。皮圣雷和孙丽君负责第二篇，共分为三章：第3章分析并概括了中国"智能+"制造拟追求的目标；第4章指出了中国"智能+"赋能制造业的发展方向；第 5 章描述了中国"智能＋"为制造企业赋能的六个路径。胡勇军负责第三篇，共分为四章：第 6 章构建了"智能＋"对制造企业赋能的方法体系，然后按照赋能场景、方法和评价三个维度，通过案例方式分别在第 7 章、第 8 章和第 9 章阐述了"互联网＋""大数据＋""人工智能＋"赋能制造业的具体方法。

本书虽然由我们四人主笔，却是以华南理工大学工商管理学院原有的共同研究和社会实践活动为基础的。华南理工大学宋铁波、赖朝安、刘小龙、刘飞的观点和工作内含其中。广州大学谢洪明、傅元海、张伟的观点和撰写的一些内容支撑了部分章节，并且他们多次参与书稿的讨论。广州大学宋丹霞和张延平也为本书提了很多宝贵的意见，广州大学创新创业学院王满四院长为组织讨论、联系出版社等做了很多工作，博士研究生朱建华、林晓珊、窦子欣等参与了一些具体内容的写作。特别是北京科技大学东凌经济管理学院马风才和机械工业出版社吴亚军给了很多可贵的意见。在此一并感谢！

由于涉及的学科领域多、内容新，作者的水平和学识有限，书中难免存有不足之处，希望能够得到读者们的谅解，也衷心期待读者们的批评指正。

孙延明

2020 年 2 月于广州

目录 SMART MANUFACTURING

前言

第一篇 "智能+"制造基础

第1章 "智能+"赋能制造内涵 /2

1.1 "智能+"赋能制造背景 /2

1.2 "智能+"、智能制造与"智能+"赋能制造 /14

1.3 "智能+"赋能制造的内容 /17

第2章 "智能+"赋能制造发展现状 /28

2.1 国外"智能+"制造发展状况 /28

2.2 中国"智能+"制造发展的三个阶段 /38

2.3 中国"智能+"赋能制造存在的问题 /45

第二篇 "智能+"制造方略

第3章 "智能+"制造追求的目标 / 54
3.1 我国制造业价值链攀升方向 / 54
3.2 "智能+"赋能制造发展蓝图 / 61
3.3 "智能+"赋能制造的重点 / 69

第4章 "智能+"赋能制造的发展方向 / 76
4.1 "互联网+"赋能制造的发展方向 / 76
4.2 "大数据+"赋能制造方向 / 83
4.3 "人工智能+"赋能制造业方向 / 92

第5章 "智能+"制造企业赋能路径 / 98
5.1 跨区域网络化协同制造 / 98
5.2 适合国情的智能制造模式 / 100
5.3 "智能+"制造的新商业模式 / 105
5.4 "智能+"制造服务转型 / 111
5.5 "智能+"共享资源创新驱动制造 / 119
5.6 "智能+"品牌质量社会监管 / 127

第三篇 "智能+"制造企业赋能方法

第6章 "智能+"制造企业赋能方法体系 / 136
6.1 "智能+"赋能方法总体框架 / 136
6.2 赋能的构成要素 / 139
6.3 技术支撑方法 / 147

第 7 章 "互联网 +" 赋能制造 / 159

7.1 "互联网 +" 制造企业赋能场景 / 159

7.2 "互联网 +" 赋能制造方法 / 167

7.3 案例：企业文档云化管理 / 184

7.4 "互联网 +" 赋能制造的效能评价 / 188

第 8 章 "大数据 +" 赋能制造 / 194

8.1 "大数据 +" 制造企业赋能场景 / 194

8.2 "大数据 +" 赋能制造方法 / 200

8.3 "大数据 +" 赋能制造的效能评价 / 208

第 9 章 "人工智能 +" 赋能制造 / 212

9.1 "人工智能 +" 赋能制造场景 / 212

9.2 "人工智能 +" 赋能制造方法 / 223

9.3 "人工智能 +" 赋能制造的效能评价 / 233

参考文献 / 237

第一篇

"智能+"制造基础

"智能+"是个新名词、新提法，不同的人对于如何定义和理解"智能+"有不同的见解。自从"赋能"变成时代热词后，赋能就有了新的内涵。与"智能+"赋能制造最接近的词就是"智能制造"了，一般人也会认为"智能+"赋能制造就是智能制造。那么，"智能+"制造究竟指什么？"智能+"如何赋能制造企业？这些是当今智能时代关注制造业的人员经常思考和谈论的话题。

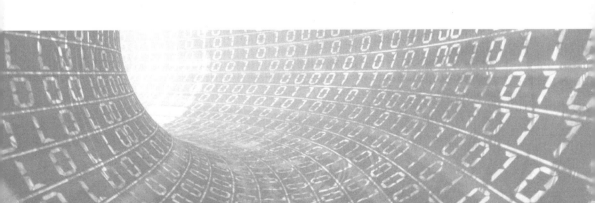

第 1 章

"智能 +"赋能制造内涵

随着时代的发展,制造业在传统粗放式、劳动密集型的道路上越走越窄,转型升级已是全球共识。以人工智能技术为代表的新一代信息技术不断发展,为制造业转型升级注入了新的动力。"智能 +"赋能制造可以提高生产效率、创新运营模式、助力制造业转型升级,并且是当下制造业发展的必由之路。

1.1 "智能 +"赋能制造背景

当今社会已经进入万物智联、智慧生活的新时代,"智能 +"成为经济发展的新动能。"智能 +"赋能制造既是新一代信息技术蓬勃发展带来的动能转换机遇,也是中国制造转型升级的客观需求。

1.1.1 "智能 +","+"出智能新时代

1997 年 IBM 公司的"深蓝"机器人战胜国际象棋世界冠军卡斯帕罗

夫曾引起世界恐慌和轰动，2016年谷歌的AlphaGo战胜围棋顶级高手李世石又一次引发了人们对人工智能的广泛关注。这些事件的意义可以与阿波罗成功登月相比，不仅向人们展示了人工智能逐渐达到的智能高度，更是宣告了一个崭新的"智能+"时代的到来。"互联网+"的概念已日趋普及，"智能+"影响人类生活与社会经济的理念由百度公司前总裁张亚勤2016年在博鳌论坛上首次提出。张亚勤大胆畅想了"智能+"对人类社会与生活的影响，将"智能+"比喻成"互联网+"的进一步发展和下一个车站，一场可能如PC、智能手机那样深刻影响世界，改变人类生活的大风暴正在酝酿且即将成形。"智能+"渗入商业模式与产业发展中，让人们的生活越发便利。自动驾驶、智慧城市、5G、AR与VR、可穿戴设备与智能终端、未来消费等高科技元素将充斥未来的日常生活，播放一部商业革新与人类生活升级的科幻大片。

1. "互联网+"升级到"智能+"，开启万物智联新时代

一般认为，2010年是云计算元年，2016年是人工智能元年，2017年是"智能+"元年。"互联网+"将连接数字世界的能力赋予各行各业，推动全行业数字化和信息化转型。在此基础上，"智能+"提供更智能的数据分析和决策能力，包括更聪明的机器、更智慧的网络、更智能的交互，将创造出全面智能化的经济发展模式和社会生态系统。

马化腾在《给合作伙伴的一封信》中指出，腾讯多年来一直专注做连接，希望连接人与人、人与物以及人与服务，这是实现深度融合、云化分享以及未来一切变化的基础。随着整个经济社会的全面数字化，人们不但要通过更多的连接来减少信息孤岛，而且要通过更好的连接来实现沟通协作的持续优化。对于如何减少信息孤岛，连接人与人、人与物、人与服务，"互联网+"采取的是传统的方式，"智能+"则是比"互联网+"更进一步的连接新方式,是智慧互联。在"智能+"的连接方式之下,通过云计算、人工智能等方式,生活空间中的万事万物进入了相互连接的万物智联新时代。

2. 从"互联网+"到"智能+",人类的生活进入智能化时代

从"互联网+"到"智能+",政府工作报告表述变化的背后,是人类生产和生活方式的又一次升级迭代。在"互联网+"时代,各种基于互联网数字技术的商业模式改变着人们的衣食住行,实现了人与人的实时连接。而随着人工智能、大数据、云计算等新兴技术的不断发展,信息技术的应用已经不再局限于连接人与人,而是将人与物、物与物连接在一起,借助物联网、大数据、云计算技术的丰富应用,智能制造、智能交通、智能商贸、智能医疗、智能教育等随之而来,"智能+"让我们走入智慧互联的智能化生活时代。

"智能+"打造了各个场景的智慧解决方案,如无人银行、无人餐厅和人工智能合成女主播等,让社会迈入更高效、低耗、创新性强的新时代,困扰人类几千年的信息不对称问题可能会在当今的万物智联新时代有效解决。"智能+"的赋能为越来越多的企业所接受和拥抱。在可以预见的未来,"智能+"将加速线下与线上的融合,再度引发当前的商业模式与竞争法则的变革,社会形态将被智能化技术重塑,每个人都会被契合其个性化需求的信息环绕。人工智能的进步和"智能+"的实际应用,将展现一个"第四维"的世界,即除了物理的三维空间,会有个第四维的智能空间。

3. 从"互联网+"到"智能+","+"出经济新动能

从李克强总理2019年政府工作报告中可以看出,拓展"智能+"与推

动传统产业特别是制造业的转型升级密不可分。与"互联网+"一样,"智能+"旨在将技术与产业融合,利用技术改造传统产业,从而实现降本增效。在外部世界经济增速放缓、不稳定不确定因素增加,内部经济转型阵痛凸显、经济下行压力加大的背景下,"智能+"的意义尤为重大。

(1)助力传统产业升级。在一个大型的电芯生产车间里,看不见来回穿梭的搬运工,取而代之的是一辆辆井然有序行驶的无人搬运车(AGV)。这些小车在没有人工引导的情况下,自动沿预定的路线行驶,准确地将货物或物料从起始点运送到目的地。这样的情形发生在安徽合肥国轩高科动力能源有限公司电池生产智能工厂的日常生产中,这里处处体现着"智能+"赋能制造的情景。近年来,随着新一代信息技术和制造业的深度融合,中国智能制造发展取得明显成效,以高档数控机床、工业机器人、智能仪器仪表为代表的关键技术装备取得较大进展,不断助力传统产业升级。2019年3月,阿里巴巴研究团队发布的《从连接到赋能:"智能+"助力中国经济高质量发展》报告显示,在制造业中,智能制造已开始在多个领域以不同的方式浮现出来。蓬勃兴起的个性化定制需求,带来了制造系统复杂性的指数级增长,不过也给"智能+"带来了用武之地,可以助力传统产业的升级。

(2)助力新模式、新业态发展。从第一步到最后一公里,"智能+"全面赋能新物流。仓库存储与配货是物流行业的第一步,京东"亚洲一号"自动化运营中心里的"小红人"可以自行取货、扫码、运输、投货,能够精准测量商品体积和重量,数以万计的商品由机器人和机械臂完成入库和出库。相比传统仓库,智能仓库平均处理订单量更大,存储效率更高,拣选速度更快。除了无人仓库,无人配送也是智能物流的重要一环。无人配送能提升物流效率,满足用户个性化配送的需求,解决末端配送最后一公里的难题。多个物流公司已研发出末端物流配送机器人、配送无人机以及无人快递车等产品。目前，无人快递车已经陆续在陕西、江苏、青海等地尝试配送。除智能制造方向上的若干可喜进展外，互联网汽车、网络化协同制造、个性化定制、智能服务型制造等新模式、新业态也不断涌现，"智能＋"的应用为多个行业的发展赋予了新动能，开辟了新模式（人民网，2019）。

1.1.2　新一代信息技术为"智能＋"提供赋能基础

新一代信息技术主要指互联网、大数据和人工智能技术，以及由此产生的云计算、边缘计算、区块链、数字孪生以及工业大脑等，是"智能＋"赋能制造的技术背景。

1. 互联网技术

互联网始于1969年美国国防部高级研究计划署的ARPA网（阿帕网）。ARPA网起初用于军事连接，后来扩展至高校，建立了国家科学基金网（NSF网），服务于科研，为用户提供共享大型主机的宝贵资源。NSF网随后商业化，在通信、信息检索、客户服务等方面的巨大潜力被挖掘出来，使互联网（Internet）有了质的飞跃，最终连接全球。

由于互联网起初由政府部门投资建设，其最初的使用仅限于研究机构、学校和政府部门。除直接服务于研究机构和学校的商业应用之外，其他商业行为概不允许。20世纪90年代初，当独立的商业网络发展起来，这种局面才被打破。互联网一经商业应用就开始了一发不可收拾的迅猛发展。各国都看到了互联网的未来前景，纷纷制定国家战略来推动它的发展，如美国的信息高速公路建设工程（就是指互联网的基础设施建设），以及当时中国的三金（金卡、金税、金桥）工程和接下来的电子政务等。

比尔·盖茨在1995年出版的《未来之路》一书中提及物联网概念，如果追溯这个概念还会更早。20世纪末，宝洁公司的品牌经理凯文·阿什顿（Kevin Ashton）做了"Internet of Things"为主题的演说，希望将射频识别（RFID）芯片安装在消费品中，用于监控库存变化，掀起了物联网的潮流，由此阿什顿被称为"物联网之父"。同年，麻省理工学院的自动识别技术中心（Auto-ID Center）将物联网定义为在计算机互联网的基础上，利用 RFID、无线数据通信等技术，构造一个覆盖世界上万事万物的网络，以实现物品的自动识别和信息的互联共享。2005年11月17日，国际电信联盟在世界信息峰会上发布了《ITU互联网报告2005：物联网》，提出了物联网的概念，指出物联网时代已经来临，物联网技术革命已经开始。特别是近几年，物联网进入蓬勃发展的井喷期，产业互联网或工业互联网成为时代热词。互联网在工业界的普及应用是近二十多年的事情，虽然还处于快速发展时期，但是传统的应用已比较成熟和普遍，如电子商务、企业资源计划（Enterprise Resource Planning，ERP）、产品数据管理（Product Data Management，PDM）、制造执行系统（Manufacturing Execution System，MES）等都是互联网技术在工业企业的成熟应用。

2. 大数据

数据在科学领域的创造可以追溯到五千多年前人类文明的起源。公元前三千年左右，古埃及人利用星相预测洪水到来和退去的时间及水量大小，利用测量与数据分析开创了天文学。他们还根据天狼星和太阳同时出现的位置，判定农耕时间和节气，并用数据发现了闰年的周期（$365 \times 4 + 1 = 1461$ 天），塑造了尼罗河畔的古代文明。两河流域的苏美尔人观察发现月亮每隔 28～29 天，完成一次从新月到满月再回到新月的周期，每年有四季之分，每过 12～13 个月亮周期，太阳就回到原来的位置，由此发明了太阴历（阴历），用数据创造了古巴比伦文明。

2001年，在信息技术研究领域中，具有权威代表性的美国Gartner公司推出了大数据模型。此后十多年，大数据的技术平台和相应的技术稳步发展并扩充，世界各国及相关机构对大数据的重视程度逐渐提升。2008年，美国计算机联盟发布白皮书《大数据计算：在商务、科学和社会领域创建革命性突破》，首次对大数据进行了定义。由此，大数据成为全球互联网技术的热点，世界各国、各机构纷纷开启了大数据的应用与研究。

随着数据流加大、形态多样的数据增加，在快速获取、存储和使用大数据方面，传统关系型数据分析方法比如复杂事件处理（CEP）等技术已不再有效。2004年，谷歌推出了MapReduce技术，主要用于离线大数据计算。很多大公司利用该技术开发出了处理大数据的高级查询语言，但该技术不能满足非离线实时计算的需求。2006年，Apache基金会在MapReduce的基础上推出了Hadoop技术，可以在线并行计算非常巨大的数据集。由于这两项技术可以应用于大数据平台、大数据分析，具有处理非结构化数据、易用性、大规模并行处理等优势，MapReduce技术和Hadoop技术成为大数据的主流技术。

近30年，大数据在制造业的应用得以发展。

第一阶段（1990～2000年）：20世纪90年代后期，大数据处于初步单点应用阶段。例如，以设备装置的远程监控和数据采集与管理为主要技术的产品监控系统，通过传输设备对产品进行实时监控，大大减少了由于故障造成的损失。奥的斯（OTIS）是世界上最大的电梯制造公司，于1998年推出电梯远程监控系统（Remote Elevator Monitoring System，REMS），该监控系统通过获取电梯的运行数据，不仅可以对电梯进行远程监督与故障维修，还能在突发情况下与用户及时联系，保障用户安全。

第二阶段（2001～2010年）：大数据应用相对普及，主要用于综合管理、价值挖掘、辅助决策等领域。比如通过数据分析软件从数据中挖掘价值，为产品的使用和管理提供最优的解决方案。以法国为例，法国加大了信息系统建设力度，2006 年建设了 16 个重大的数据中心。其中，法国电信旗下企业 Orange 在法国高速公路数据检测的基础上，利用大数据中心进行数据挖掘与分析，通过云计算系统为车辆提供实时准确的道路信息，方便了用户的出行。

第三阶段（2010 年至今）：进入工业大数据时代，大数据在工业的应用中掀起了高潮。为满足制造业大数据的业务需求，大数据分析平台纷纷涌现，大数据集成、存储、处理、分析和展示技术融为一体，可以满足多种类型的数据获取、存储及应用，出现了很多实用化的大数据分析平台或工具，如 IMS（Intelligence Maintenance System，智能维护系统）与 NI（National Instruments，美国国家仪器有限公司）合作开发的基于 LabVIEW 的 Watchdog Agent 系统。该系统以制造透明化的特征确保信息获取的正确性，便于管理者做出正确的评估；而且，它通过大数据分析工具有针对性地满足用户不同方面的要求，为他们提供解决问题的方案。通用电气的工业互联网操作系统 Predix 是以物联网解决方案为主的大数据应用平台的典型案例。开发者与用户可以在该平台上自由沟通，由用户提出需求，开发者根据其需求开发出定制化的数据分析和应用解决方案。

3. 人工智能

一般认为，人工智能起源于 1950 年图灵发表的一篇有关计算机与智能的论文。其中，著名的"图灵测试"形象地指出了人工智能应该达到的智能标准。人工智能一词于 1956 年美国达特茅斯学院举办的一次长达两个多月的研讨会上首次使用。但人工智能的应用常常遭到人类的质疑，主要原因是其应用发展与人们的预期差距较大。人工智能发展三起三落，极不顺畅。三个高潮主要包括：

人工智能术语确定以后，相继出现了诸如机器定理证明、跳棋程序、通用问题求解程序等一批成果。人们还发明了第一款感知神经网络软件和聊天软件，证明了数学定理。20 世纪 60 年代末到 70 年代，专家系统的出现使人工智能研究出现了第一个高潮，但很快就衰落了。

20 世纪 80 年代 Hopfield 神经网络和 BP（Back Propagation，反向传播）训练算法的提出，解决了传统单层线性神经网络无法处理异或问题的弊端，使得人工智能再次兴起。BP 算法用于多层神经网络的参数计算，以解决非线性分类和机器学习问题。针对特定领域的专家系统也在商业上获得成功应用，人工智能迎来了又一轮高潮。1987 年，美国召开第一次神经网络国际会议，宣告了神经网络这一新学科的诞生，不久后又陷入了低潮。

2006 年 Hinton 提出深度学习技术，多层神经网络学习过程中的梯度消失问题被有效地抑制，网络的深层结构也能够自动提取并表征复杂的特征，避免了传统方法中通过人工提取特征的问题。2005 年，斯坦福大学开发的一台机器人在一条沙漠小径上成功地自动行驶了约 200 公里，赢得 DARPA 挑战大赛头奖。2010 年，塞巴斯蒂安·特龙（Sebastian Thrun）领导的谷歌无人驾驶汽车项目曝光，谷歌汽车已创下超过 16 万公里无事故的纪录。2014 年，深度学习算法在语音和视觉识别率方面获得突破性进展，相继出现了人工智能小冰聊天机器人和语音助手 Cortana，百度也发布了 Deep Speech 语音识别系统。2015 年，Facebook 发布了一款基于文本的人工智能助理"M"。2016 年，Google AlphaGo 4∶1 战胜李世石。之后，AlphaZero 从零开始，花三天时间左右互搏 490 万局，最终无师自通战胜 AlphaGo。当今，人工智能真正迎来了全面发展的春天。

互联网、大数据、云计算的技术发展强力驱动了人工智能前进的步伐，是新一轮人工智能技术快速发展的主要驱动力。互联网技术主要由传感技术、通信技术和计算机技术组成，通过互联网，特别是近期物联网技术的应用普及，产生了爆炸式增长的数据量，催生了大数据产业。有效利用网络时代产生的海量数据，进而实现计算机辅助决策或智能决策是当今的普遍需求。大数据的知识获取和应用两个阶段常常都需要与人工智能技术相结合，实现智能分析的目的。大数据为人工智能提供了用武之地，激发了人工智能技术的大发展。处理分布式、异构海量数据和知识没有像云计算、边缘计算等算法的支撑，人工智能和大数据的应用发展就一定会遇到瓶颈。没有超级强大的计算能力做保证，再好的算法也难有用武之地。所以，云计算、边缘计算、透明计算等计算方法的快速发展也是人工智能技术得以普及应用的重要前提条件之一。

1.1.3 "智能+"赋能是中国制造高质量发展的迫切需求

"智能+"是制造业转型的重要驱动力之一，也是赋能制造实现动能转换的主要渠道。20世纪后半叶，发达国家充分利用互联网技术改造传统产业和制造业，进而赢得竞争优势。通过全球分散网络化制造模式向以中国为核心的发展中国家转移低端制造，实现经济发展方式转变的国际化分工，成就了苹果、戴尔、西门子等世界级制造企业的可持续发展。当今德国等发达国家普遍推行工业4.0的智能制造模式，推动工业机器人普遍使用的新型智能制造模式、新的管理模式及新业态，期望用"智能+"赋能实现发达国家的"制造业回流"，从而夺回制造业霸主地位。经过四十多年的改革开放，中国制造业抓住了世界制造业产业外包的机会，突飞猛进，在错过前两次工业革命及工业化水平较低的情况下，一举发展成了世界瞩目的制造大国。但与发达国家制造业相比，我国还存在自主创新能力不强、核心技术对外依存度高、自动化程度低、劳动生产率低下、产品质量问题突出、资源利用效率偏低、环保问题严重等问题，亟须动能转换以实现高质量发展。

1. "智能+"赋能中国制造转型的时代任务

随着我国经济发展进入新常态，经济增速换挡、结构调整阵痛、增长动能转换等相互交织，长期以来主要依靠资源要素投入、规模扩张的粗放型发展模式已难以为继。党的"十九大"明确提出，我国经济已由高速增长阶段转向高质量发展阶段，正处在转变发展方式、优化经济结构、转换增长动力的攻关期，建设现代化经济体系是跨越关口的迫切要求和我国发展的战略目标。建设现代化经济体系必须把发展经济的着力点放在实体经济上，把提高供给体系质量作为主攻方向，显著增强我国经济质量优势。十九大报告还提出，要加快建设制造强国，加快发展先进制造业，推动互联网、大数据、人工智能和实体经济深度融合，在中高端消费、创新引领、绿色低碳、共享经济、现代供应链、人力资本服务等领域培育新增长点、形成新动能。国家主席习近平在致第四届世界互联网大会的贺信中再次强调，要"推动互联网、大数据、人工智能和实体经济深度融合，发展数字经济、共享经济，培育新增长点、形成新动能"。实体经济是经济健康发展的根本。迈入新时代，"智能+"助推实体经济与传统产业数字化转型成为新的历史使命与时代机遇，对于推进我国制造业供给侧结构性改革，培育经济增长新动能，提升制造业的国际竞争力，构建新型制造体系，促进制造业向中高端迈进，实现制造强国具有重要意义，也是时代赋予的重任。

2008年世界金融危机后，发达国家纷纷实施"再工业化"战略，东南亚国家积极参与全球制造业的谋划与布局。与此同时，我国人口红利优势逐渐消退、生产资料成本增长，全球制造业竞争格局加剧。2015年5月，国务院发布《中国制造2025》指出，"新一代信息技术与制造业深度融合，正在引发影响深远的产业变革，形成新的生产方式、产业形态、商业模式和经济增长点"，这为我国制造业改革发展指出了方向。

如何促进互联网、大数据、人工智能等新一代信息技术与实体经济深度融合，实施"智能+"制造呢？利用互联网、大数据及人工智能赋能制造业，开创互联网、大数据、人工智能与实体经济深度融合发展的新模式，加快发展数字经济和智能经济，推动实体经济和数字经济、智能经济融合发展、深度融合，推动制造业加速向数字化、网络化、智能化发展，使"中国制造"转变为"中国智造"，这样既能抵御国际竞争，也有助于解决人民日益增长的美好生活需要和不平衡不充分的发展之间的矛盾。中国凭借着先前所积累的雄厚的制造业基础、广阔的市场、丰厚的资本市场实力、领先的信息基础设施，理应加快推进面向智能制造的转型，顺应、引领中国社会经济发展方式的转变。"智能+"是在新常态下抢滩世界先进制造业高地和争当国内制造业排头兵的重要保障。

2."智能+"赋能中国制造业转型升级刻不容缓

在当前欧美发达国家纷纷推行"再工业化"战略、"高端制造业回流"计划，东南亚、墨西哥等发展中国家利用廉价劳动力吸纳国际制造低端产业的"双重挤压"下，在人口红利消退、能源与环保压力增大、土地资源成本攀升等国内外形势变化的背景下，依托初级要素专业化战略形成的粗放型发展方式无力支撑中国经济高速增长，加快发展动力转换成为经济发展转型的主要任务。中国经济发展动力转换本质上是由追求数量转向追求质量，经济发展阶段因此也由高速增长进入中高速增长，特别是进入高质量发展阶段。为加快经济发展动力的形成，国家全面提出新阶段经济发展战略，实施供给侧结构性改革和构建开放型经济新体制等战略，旨在加快投入驱动向结构优化、效率提升驱动转变；从产业发展战略上，推出大力发展战略性新兴产业、先进制造业以及传统产业的改造升级等战略，旨在提升产业的国际竞争力以形成效率驱动的发展动力；从区域发展战略上，部署了东北振兴、京津冀协调发展、长江中下游经济带、粤港澳大湾区建设等战略，旨在形成经济增长极，进而转变为集约型发展方式。

中国虽然初步形成了以战略性新兴产业为先导、先进制造业为主体的工业结构，但是没有从根本上扭转"中国制造"在全球价值链的地位。中美贸易摩擦进一步凸显了中国制造业的关键核心技术受制于人，在发达国家主导的全球价值链上处于被支配地位，在国际竞争尤其是贸易争端中处于不利地位的现实。只有实现制造业全球价值链升级，才能有效地实现高质量发展，形成可持续发展动力。因此，中国制造业在全球价值链上的升级是实现制造业高质量发展的关键，是提高制造业国际竞争力的核心。中央号召的在国内建设若干个先进制造业基地，着力改造和提升传统产业、发展先进制造业、布局战略性新兴产业，使我国在全球产业链和价值链中向中高端攀升。高科技领域、高端制造业、关键核心技术由跟跑到并跑再到领跑，全面振兴我国制造业、推动制造大国迈向制造强国成为刻不容缓的大事。因此，在第四次工业革命背景下，充分利用互联网、云计算、大数据、人工智能等新一代信息技术，实现中国由制造向"智造"的转变，实现中国制造的先进化，实现中国制造业在全球价值链上的全面攀升，是把中国打造成为世界级先进制造业基地的关键。

1.2 "智能+"、智能制造与"智能+"赋能制造

工业界谈论的智能一般指技术层面的人工智能，而企业界常常把自动化、批量处理等当成智能，这是有偏差的。较为通行的观点认为，人工智能是具有人类分析、推理、学习和解释等知识处理能力的计算机系统，具备部分人类智慧或智力。

1.2.1 "智能+"的内涵

"智能+"是2019年两会热词,之后"智能+"在媒体上受到广泛关注。小米集团创始人雷军感触颇深:"总理提到打造工业互联网平台,拓展'智能+',为制造业转型升级赋能。我们也要努力用'智能+'的思维和方法去提升效率,进一步提升产品和服务品质,真正实现报告中提出的让全球更多用户选择中国制造和中国服务。"雷军提到的"智能+"思维和"智能+"方法,是互联网思维、"互联网+"革命的进一步延伸和拓展。联想集团董事长兼CEO杨元庆也认为,中国制造的当务之急就是加快全价值链环节的智能化改造,与国际先进水平接轨。大力发展智能物联网,用"智能+"赋能中国制造,实现人工智能技术与垂直行业的结合,方能创造"效率红利"。这个观点道出了"智能+"制造业的真谛:

- 全球价值链的攀升,即推动中国制造业向着国际化高水准转型升级。
- 垂直行业的提升,即细分市场的智能融合,衍生智能经济新业态。
- 产生产业红利,即通过效率的提升产生"智能+"的经济外部性红利,带动智能经济的发展。

目前,学术界对"智能+"的概念尚未达成一致意见。百度百科定义"智能+"是"互联网+"的下一站——更智能的机器、更智能的网络、更智能的交互,将创造出更智能的经济发展模式,是以人为核心,基于云计算、工业互联网、大数据、人工智能等技术而形成的高度信息对称、和谐与高效运转的社会生态。笔者认为,"智能+"是一个行为动词,描述的是智能技术渗透社会各个领域的过程,与智能化是姊妹词,或者看成同义词。"智能+"泛指人工智能技术与社会方方面面融合发展的行为过程,是继数字经济之后的智能经济的主要推手和手段,是人类社会进入智能时代的重要生产力之一。

"智能+"比"互联网+"更进一步体现了人工智能技术对社会发展的全新赋能。"互联网+"实现的是通信和连接问题,解决了困扰人类几千年的信息不对称,颠覆了很多传统商业模式,衍生了众多新业态。"智能+"解决的是人工智能如何发挥作用的问题,是人类几千年梦寐以求的、从辛苦劳动中得到解放的福祉问题,这将会给人类经济社会带来更大的变革和更多的不确定性,即除智能技术本身外,它还将衍生出政治、经济、文化、道德、法律等众多新的问题、新的风貌、新的繁荣、新的世界……

1.2.2　智能制造的内涵

20 世纪 80 年代,美国普渡大学智能制造研究中心正式提出智能制造的概念,由于人工智能技术在当时应用场景的局限性,智能制造模式未被广泛接受。21 世纪初,智能制造发展缓慢。2011 年以来,随着物联网、云计算、社交媒体、边缘计算、大数据等新一代信息技术的迅猛发展,各国纷纷将智能制造作为重振和发展制造业的重要抓手和主攻方向,呈现爆发式发展态势。

《2016—2017 年中国智能制造发展蓝皮书》将智能制造定义为:基于物联网、大数据、云计算等新一代通信技术与先进制造技术的深度融合,贯穿于设计、生产、管理、服务等制造活动的各个环节,具有自感知、自学习、自决策、自执行、自适应等功能的新型生产方式。它可以有效降低企业运营成本,缩短产品研制周期,提高生产效率,提升产品质量,降低资源、能源消耗。智能制造系统架构涉及产品生命周期、系统层级和智能功能三个维度:

- 产品生命周期由设计、生产、物流、销售、服务等一系列相互联系的价值创造活动组成。
- 系统层级涵盖设备层、控制层、车间层、企业层及协同层。
- 智能功能包括资源要素优化、系统集成、互联互通、信息融合应用等。

1.2.3 "智能+"赋能制造的内涵

从上述描述中不难发现，"智能+"赋能制造与智能制造有显著区别。虽然不同专业背景的视角不同，对"智能+"赋能制造的观点不同，但人们普遍认同智能制造是一种制造模式，一般是由智能工厂、智能物流、智能产品等构成的制造系统，主要是制造领域的范畴，对管理、经济等涉及的内容不是很深入。"智能+"赋能制造是人工智能技术与制造业的嫁接或深度融合。"智能+"的主要含义是智能化，是智能科技在制造业中普及应用和影响逐步扩大的过程；即制造的组织、行为以及涉及的方方面面都在人工智能技术影响下不断改变，逐步过渡到智能时代的动态演化进程；不是仅仅用人工智能技术构建一套系统，而是构建一个复杂的工业文明、社会进步的过程。赋能除了指制造业用新的智能科技进行创新驱动的发展动能转化外，还包括由此产生的数字经济、智能经济的外部性（新的红利）。"智能+"赋能制造比智能制造的内涵丰富得多，不仅仅包括智能制造模式，还涉及数字经济、智能经济等新业态的经济范畴，新的商业模式、运营方式、组织形态等管理学领域，也涉及新的制造模式下"人—机—物"之间关系的重新定义、员工的职业发展重新规划、科技伦理等社会层面的内容，会对制造业产生颠覆性的改变，甚至会驱使制造企业转变成为软件、互联网企业，传统意义的制造业不复存在。

1.3 "智能+"赋能制造的内容

所谓"智能+"赋能制造，是基于企业层面的广义智能化和智能制造，不仅包括"人工智能+"对制造的赋能，还包含"互联网+""大数据+"的赋能。虽然人工智能技术发展已久，但真正把"智能+"赋能到制造业层面主要是依赖互联网和大数据的发展。"互联网+"不仅提供了"智能+"赋能制造需要的数据采集通道，实施"智能+"的渠道，还提供了互联网思维、互联网变革的"智能+"思想变革基础。同样，"大数据+"既提供了"智能+"赋能制造的基础生产资料的数据，也提供了思想变革的大数据思维模式和数据革命基础。当今的互联网已经逐步过渡成为智联网，智能终端遍布网络，大数据的处理和应用也离不开人工智能算法，三者是推动当今世界第四次工业革命的核心科技——新一代信息技术的三根最重要的支柱，有着彼此交融的"三位一体"的关系。脱离互联网和大数据，单一从人工智能视角看待"智能+"赋能制造会过于狭隘，也无法客观反映彼此交融、共同赋能的本质。

"智能+"赋能制造的内容远远超过智能制造的范畴，主要体现在以下四个方面：

- 一是"互联网+""大数据+""人工智能+"等技术赋能传统制造业，实现用新一代信息技术赋能改造成为高新技术企业的过程，也包括这些技术成果转化衍生出新的高新技术产品、新兴产业业态。
- 二是智能制造的智能工厂、智慧物流、智能供应链等，是实现工业4.0制造业运营方式的改变过程。
- 三是在互联网思维、大数据思维和AI思维影响下，产品和供应链经营转型为平台经营、生态系统经营的商业模式。
- 四是包括制造业由第二产业转变为与第三产业融合或服务型制造的新产业形态的演化过程，工业经济状态通过"智能+"赋能过渡到数字经济、智能经济的经济模式转化过程等内容。

1.3.1 "互联网+"赋能制造

"互联网+"赋能制造的本质是制造企业如何利用互联网提升自身能力的问题，一般认为是网络化制造，但其不只是改变了制造企业生产制造及运营管理模式。互联网思维给予制造业的赋能是革命性的，涉及方方面面，包括制造业的服务化转型、由工业经济向数字经济过渡等丰富内涵。"互联网+"赋能制造主要表现为用互联网思维改变制造企业的商业模式，用互联网基本功能改变制造企业的产品及运营状况。

1. 互联网思维

互联网思维颠覆了很多传统的制造观念和做法，也是新产业革命的操盘手，其内涵十分丰富，与制造直接相关的主要表现有如下方面：

（1）个人帝国主义。自企业、自媒体、自金融等以个人为中心的商业行为成为可能，如网红的商业价值、个人从事的微商等，通过互联网的广泛集结，既可以改变传统的集中管理、按时工作的办公方式，也可以颠覆员工与老板的关系等。

（2）免费赚钱是常态。互联网世界里流行一句谚语："羊毛出在狗身上，猪来买单。"羊毛表示利润，狗表示消费者、用户，猪表示广告商或投资者。意思是只要通过互联网积累足够多的用户，并且为用户做好服务，有了好的用户体验之后，投资者就会闻风而来，企业进而获得投资，产品才有可能上市，赚取利润。这颠覆了"羊毛出在羊身上"的传统买卖关系，即"羊毛出在猪身上"。小米的商业模式便是：在看得见的部分可以不挣钱，却用别的方式挣，比如用金融、服务增值等创造利润，不见得直接从产品本身赚钱，而是让免费赚钱成为常态。至今，微信还是免费使用，但腾讯公司的收益颇丰。"甲方卖东西，乙方买东西，而丙方抢着来买单"是对互联网思维的概括。

（3）用户本位主义及粉丝消费。互联网使粉丝成了划分消费者群体的重要标志，也是精准营销重点关注的领域。报纸、广播和电视等传统促销模式受到互联网的巨大冲击，粉丝消费成了商家必选的重要渠道之一。比如《战狼Ⅱ》《建国大业》等电影，为了拉升票房收入，也会在影片中放入不同粉丝的偶像。所以，随着电商模式的普及，网红成为商家赖以促销产品的广告明星，颠覆了单纯依靠影视和体育明星推广宣传的局面。其他如颠覆传统成本、利润计算方法的价值链创新模式，品牌、资本价值，有形、无形资产价值等在互联网思维赋能下都发生了根本性、革命性的变化。互联网思维的赋能已经衍生了很多新业态。

2. 互联网赋能制造

互联网已经成为当今人类赖以生存的重要工具，其作用和重要意义不言而喻。本书从互联网本质功能的视角将互联网赋能概括为四个方面。

（1）相互连接与信息交换。相互连接与信息交换功能是互联网最基本的功能，主要是借助互联网进行网络中各个节点之间的连接与通信。信息交换包括获取信息（查阅、浏览、下载等）、展示信息（新媒体、广告、娱乐等）和交互信息（网络社区、网络营销、即时通信等）三个方面。互联网的信息交换彻底改变了传统的模式，目前普遍采用的微信、Facebook、早期流行的QQ、博客等都是通过互联网进行信息交流的工具平台。制造业信息化的主要功能就是通过网络进行制造信息的实时交换。制造业通过网络可以实现万物互联，打破时空界限，实现全球范围的实时网络化动态运营管理模式。

（2）资源共享。通过网络可以即时共享各种信息、资料、指令等资源，甚至包括网络中的计算机软件、硬件、数据和一些可以共享的外部设备等。万物互联后，互联网的资源池变得无比强大，通过网络链接的资源都可以共享。网络使用的便捷性等特点，使得在网上使用共享资源成为人类的首选，如查阅资料、租赁网络空间、使用云计算资源、远程租赁服务器、软件租赁等，应用十分广泛。制造业通过"互联网+"的赋能可以打破企业边界，通过资源共享实现经营生态系统的平台化运营模式，迈向云制造。

（3）分布式处理。分布式处理就是将若干台计算机或带有网络接口的终端设备通过网络连接起来，将一个程序分散到这几台计算机或终端设备中去同时运行。如多台服务器提供优化计算能力的负载均衡，普遍应用的云计算，当今研究和应用前沿的边缘计算等都是分布式处理方面的应用。通过网络进行分布式处理的应用很多，如制造企业普遍使用的 ERP 实际上就是制造资源分布式管理的典型应用。制造业通过"互联网+"的赋能，通过分布式处理技术实现向云计算、边缘计算、区块链等数字经济的转型，制造企业向软件企业、互联网企业的形态转变。

（4）对分散对象的实时集中控制和管理。把分散对象用互联网进行连接，实现实时集中控制和管理。典型的例子有企业的管理信息系统（Management Information System，MIS）、商业信息管理系统、银行信息管理系统，以及国家、部委宏观经济决策系统等。当今全球日益重视的网络空间安全管理、基于互联网和大数据的社会综合治理系统等也都是集中管控的例子。制造业的集团管控模式（战略管控、财务管控和运营管控）常常借助互联网和相关应用软件系统进行，也包括远程网络化制造资源的动态调度、设备的远程维护、在线实时监控等。通过"互联网+"的赋能，制造企业得以对分散对象进行实时集中控制和管理，从而实现基于动态联盟、虚拟企业的敏捷制造模式。

1.3.2 "大数据+"赋能制造

虽然大数据被人们普遍看好,但深化应用的时间并不长,所以,"大数据+"赋能制造的具体内涵、内容和方法等都处于探讨之中。本节尝试着解读"大数据+"赋能制造的基本内容。

1. 大数据概念

随着计算机和互联网技术的发展,数据量已经大到无法在有限时间内用传统的数据库软件技术和普通服务器等硬件工具来进行感知、获取、管理及处理,由此产生了大数据技术。20 世纪 80 年代,美国阿尔文·托夫勒(Alvin Toffler)在《第三次浪潮》一书中首次提出大数据的概念,用来形容巨大的数据量,但直到今日,大数据的基本概念仍未形成统一的定论。根据维基百科的定义,大数据指的是所涉及的数据量规模巨大到无法通过人工在合理时间内完成截取、管理、处理并整理成为人类所能解读的信息。根据麦肯锡全球研究院(MGI)的定义,大数据是指无法在一定时间内用传统数据库软件工具对其内容进行抓取、管理和处理的数据集合。根据美国国家标准与技术研究院(NIST)的定义,大数据是指数据量大、获取速度快或形态多样的数据,难以用传统关系型数据分析方法进行有效分析,或需要大规模的水平扩展才能高效处理的数据。最为流行的大数据定义来自于维克托·迈尔-舍恩伯格(Viktor Mayer-Schnberger)和肯尼思·库克耶(Kenneth Cukier)的《大数据时代》。他们的定义针对互联网和社会环境中的大数据,从数据工程的技术挑战方面提出,认为大数据具有 4V 特性,即 volume(数据量大)、velocity(流动速度快)、veracity(准确性)和 variety(来源多样)。

制造业大数据或者说工业大数据指的是在互联网知识和信息的爆炸时

代，工业软件应用日趋复杂、深入、普及的状况下，特别是工业互联网的普及应用，所催生的一种具有大体量、多样化和复杂结构的制造数据，在存储、分析和可视化方面应用传统数据处理方式存在一定困难，很难用标准的数据库管理或分析工具进行处理的数据集合。

2. 大数据赋能制造

制造业中的大数据指的是制造业产生的大数据。大数据赋能制造业目前是很火的行业热词，中国工程院院士、中国互联网协会理事长、中国产业互联网研究院名誉院长邬贺铨在一次演讲中曾提出制造大数据与大数据制造。20 世纪六七十年代甚至 80 年代，企业记录生产过程中的数据大都是通过手工填写，存在文件柜内，而产品设计、工艺数据是用图纸形式表达，以纸质材料保存为主。随着工业自动化、信息化的普及应用，人们开始及时收集各种各样的生产数据、环境数据，并且尽量计算机化。

随着数据计算能力的提高，云计算模式的应用普及，数据存储能力也在不断提高，成本不断降低。与此同时，工业自动化、网络化制造的普及应用，特别是工业互联网的兴起，大大促进了工业大数据的产生和应用。例如，罗尔斯·罗伊斯公司是全球最大的飞机发动机租赁公司，2014 年马来西亚航空公司 MH370 波音 777 飞机失联事件震惊中外，虽然至今仍是个谜团，但当时由罗尔斯·罗伊斯公司负责动态监控的发动机数据是传出去的，共传了 7 次，据此判断它飞了 7 个小时。马航出事后，为避免类似事故再次发生，全球 160 多个国家在日内瓦达成国际协定，要求全球客机今后至少每 15 分钟报告一次位置。

工业大数据相较于消费大数据有很大不同，有其自身的特点。

- 工业大数据通常要求准确。在消费领域，比如阿里巴巴若要根据淘宝的数据判断商业行为，准确率不必很高，90%即可；而工业控制等领域准确率起码要达到99%，轨道交通则更要准确无误。
- 数据量大，只要生产线不停，就会源源不断地产生数据。
- 多样性、异构性的数据差异，有的差别很大，有的很小。因为工序在变化，供应参数在变化，时间上往往24小时不间断，有状态性的，有突发性的，有周期性的，很多数据是没有标记的。
- 生产线环节的数据有的需要同步，即实时性要求，如实时的监控和预警（邬贺铨，2017）。

如果没有行业的知识，则很难理解工业数据，所以它对专业基础能力要求相当高。大数据赋能制造尚需研究和探讨，目前还没有一个通用的模式、成熟的理论体系，但是应用领域是十分广泛的，如客户消费规律的挖掘、机械设备的故障预测等。

1.3.3 "人工智能+"赋能制造业

《未来简史》作者尤瓦尔·赫拉利（Yuval Noah Harari）曾在首届XWorld大会上表示，人类的发展已经到了巨变的前夜，而互联网和大数据正是催生这次变革的推动因素。以人工智能、大数据等新技术为代表的智能革命正在悄然发生，人、社会、商业将再一次迎来进化拐点。"人工智能+"赋能制造指的是如何利用人工智能技术辅助制造，最核心的内容就是智能制造。

1. 人工智能技术与应用

在信息社会，人类除自身的智能以外，正在获得体外的第二智能——人工智能。人们正在构造各式各样的智能仿真系统，通过设计各种算法使用机器模拟人的思维过程，进而代替人完成相应的工作。人工智能的应用领域十分宽广。首先，智能机器人能够执行人类给出的任务，替代人进行工作。机器人往往有多个传感器，能够检测到来自现实世界的光、热、温度、运动、声音、碰撞和压力等数据，其高效的处理器可以智能化处理这些数据，并且能够从错误中吸取教训来适应新的环境。目前机器人已经广泛应用于各行各业，如工业机器人、生活机器人等，特斯拉的无人自动驾驶汽车也属于机器人范畴。其次，机器视觉系统目前在社会中普遍使用，比如间谍飞机拍摄照片，用于计算空间信息或区域地图，警方使用的计算机软件可以识别数据库里面存储的肖像，从而识别犯罪者的脸部。最常用的车牌识别软件也是机器视觉系统。再次，专家系统集成了机器、软件和特殊信息，为用户提供解释和建议，具有推理、判断、学习等常规信息系统不具备的类似专家才有的功能，目前应用十分广泛，在制造业也有所应用。最后，模拟人类大脑的神经网络系统也在故障诊断、图像处理、模式识别等领域有着成功的应用。自然语言理解、语音识别、手写识别等在制造业中应用不多。

2. 人工智能赋能制造

"人工智能+"赋能制造也处于不断变化的快速发展时期。图1-1从赋能制造范围、关键技术、用户参与程度、主要目标四个维度阐述人工智能赋能制造内涵的演化过程。

（1）从制造范围的角度来看，"人工智能+"赋能制造的范围在不断扩大。纵向上，从智能装备渐渐发展到智能车间，并从智能车间快速扩大到整个智能企业；横向上，从无阶跃性跃迁至智能供应链，并从智能供应链迅速延伸至整个智能制造产业链；在端到端上，从无阶跃性发展到围绕产品全生命周期的整个智能制造生态系统。

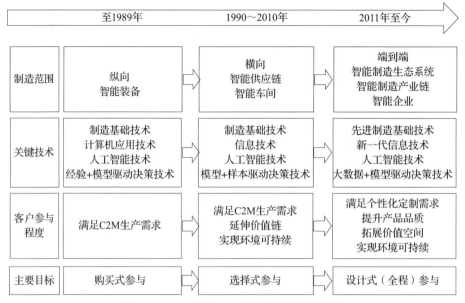

图 1-1 "人工智能+"赋能制造内涵的演化

（2）从关键技术的角度来看，在"人工智能+"赋能制造的不同发展阶段，作为支撑的关键技术可大致分为制造基础技术、信息技术、人工智能技术与决策技术。在智能制造的演化过程中，这四类技术或者发生渐进式变化，或者发生阶跃式变化，或者兼有。

（3）从客户参与程度的角度来看，在"人工智能+"赋能制造的早期，企业采用大批量生产方式，产品类型单一，客户仅仅是购买者，与企业并无任何互动，此时的客户参与程度为购买式参与。在智能制造的中期，企业所生产的产品类型有所增加，顾客有了选择的权利，可以购买与他们需求最接近的产品，此时的客户参与程度为选择式参与。近年来，顾客个性化需求凸显并且重视产品的真实性，顾客参与产品设计甚至产品全生命周期所有活动的趋势显著，此时的客户参与程度为设计式（全程）参与。

（4）从主要目标的角度来看，早期的"人工智能+"赋能制造主要是为了满足大规模的生产需求。中期主要目标则是满足大规模定制需求、延伸价值链及实现环境可持续性。其中，延伸价值链是指将企业的价值区域从传统的制造环节延伸至成品储运、市场营销、售后服务三个环节。而演化至今的"人工智能+"赋能制造主要是实现四大目标，分别是满足个性化定制需求、提升产品品质、拓展价值空间、实现环境可持续性。其中拓展价值空间一方面是指通过产品创新提升产品原有的附加值，另一方面是通过远程升级与运维、在线监控、云制造等新服务业态创造新的产品价值。

第 2 章

"智能+"赋能制造发展现状

通过梳理相关文献以及调查研究可知，我国"智能+"制造企业赋能虽然取得了显著成效，但与发达国家相比仍然存在很大的差距，也存在诸多问题，可谓任重而道远。本章从发达国家"智能+"赋能制造的发展状况、成功经验，以及国内"智能+"赋能制造的发展历程、存在的问题等方面进行阐述。

2.1 国外"智能+"制造发展状况

虽然称谓不同，国外"智能+"制造的行动与实践实际上早已开始。

2.1.1 全球"智能+"制造发展三个阶段

经历了农业革命、工业革命的人类社会，正在面临"智能+"革命。互联网、云计算、大数据、人工智能等新一代信息技术与经济社会各领域的全面深度集成，正在催生以泛在感知与知识自动化，线上线下一体，虚拟和现实融合，人-机-物智能协同为特征的制造业的新产品、新模式和新业态，为世界经济打造新动能、开辟新道路、拓展新边界。2008年国际金融危机发生以来，发达国家高度重视虚拟经济和实体经济的协调发展，纷纷实施"再工业化"战略，重塑制造业竞争新优势。一些发展中国家也加快谋划和布局，积极参与全球产业再分工。基于工业互联网或产业互联网的大数据，人工智能技术作为新一代信息技术与制造业深度融合的产物，日益成为新工业革命的关键支撑，对未来的工业发展将产生全方位、深层次、革命性的影响。

1. "智能+"制造的兴起

"智能+"制造始于20世纪中叶的信息和网络技术革命，即第一次信息技术革命，它也是第三次工业革命的导火索和强力助推器。具体包括1946年的计算机、1952年的数控铣床、1971年的微处理芯片以及20世纪60年代中期计算机网络的发明及应用，形成了各类工业用软硬件广泛融入工业企业的新局面，以自动化、信息化、数字化和网络化应用为特征，推动了第三次工业革命的发展。这一阶段人工智能技术与制造融合程度很低，只是在制造业中初步应用或较少应用。

2. "智能+"制造的快速发展

自20世纪后半叶，发达国家把信息技术作为改造传统制造、赢得竞争优势的一项重大战略。各种工业用计算机软硬件的应用特别是1993年美国信息高速公路的建设、1997年电子商务的发展以及1999年万维网的创立等，更是推动了网络技术的普及和深入应用。随着局域网的普遍应用，制造企业开始引入能够实现全面集成采购、销售、仓储、生产、财务等管理职能的 ERP 系统，以及计算机辅助设计系统（Computer Aided Design，CAD）、计算机辅助制造系统（Computer Aided Manufacturing，CAM）及制造执行系统（Manufacturing Execution System，MES）等，使自动化生产线与设计、制造、管理等制造业务流程实现全面的网络化集成应用，大大提高了设计、制造和管理效率，提升了企业的快速响应能力，增强了管控生产制造的柔性成本和质量能力等，使得众多制造企业从大规模生产转型为个性化定制与大规模定制生产模式。但是该阶段人工智能技术在制造业中只限于局部应用，还没有普及。

3. "智能+"制造的新阶段

21 世纪，新一代信息技术的迅猛发展点燃了智能制造的导火索，"智能+"制造催生了第四次工业革命的到来。以云计算、物联网、大数据、机器人等为特征的现代信息技术和工业技术紧密融合，特别是人工智能技术的嫁接，制造业的数字孪生、工业大脑、智能产品、智能物流等新一代信息技术的落地推动了全球产业数字化、网络化、智能化的变革，使工业技术对信息技术的依赖性越来越大，"智能+"制造顺应人工智能技术的发展潮流，进而达到了更高级阶段。该阶段由于工业互联网的普及应用，使大数据成为制造业挖掘的金矿，再加上各类计算能力（或称为算力）的大幅度提升，人工智能技术在制造业中得到普及应用，迎来了"智能+"制造时代。

2.1.2 发达国家"智能+"制造发展动态

1. 美国

美国"智能+"制造的核心是工业互联网。20 世纪 90 年代，在理海大学（Lehigh University）提出敏捷制造思想之际，美国就重新认识、彻底改变了《第三次浪潮》中定格的"制造业是夕阳工业"的错误思潮和做法，开启重新大力发展制造业的举措，包括推出先进制造技术计划（ATM）、敏捷制造使能技术计划（TEAM）等。2008年金融危机后，美国政府于2009年12月发布了《重振美国制造业框架》，2010年8月颁布了《制造业促进法案》，2012年2月发布了《先进制造业国家战略计划》，希望以革命性的生产方式重塑制造业，用互联网激活传统工业，保持制造业的长期竞争力。通用电气2012年年底首次提出工业互联网概念，AT&T、思科、通用电气、IBM和英特尔等公司于2014年4月在波士顿宣布成立工业互联网联盟（IIC），以期打破技术壁垒。政府对制造业投入巨资并实施大幅度减税以及再工业化战略，希望将美国打造成制造业"磁石"。2017年1月，IIC发布了1.8版的工业互联网参考架构（IIRA），将最新型的物联网（Internet of Things，IoT）技术、概念和应用程序融入该架构中。2018年4月，通用电气向联邦通信委员会（Federal Communications Commission，FCC）施压，希望将3550-3700MHz频段的授权通过街区而不是行政区域来分配，进而牢牢掌控工业互联网制度规则。2018年9月，IIC就工业互联网技术架构、测试床、安全等进行研讨，主要围绕人工智能、区块链等新技术开展面向工业互联网的需求探讨，并聚焦工业互联网在智能交通上的应用，侧重对车联网和智能网联汽车ITS的垂直行业领域应用进行布局。

　　总体而言，美国工业互联网比德国的工业4.0更加注重软件、网络、大数据等对于工业领域服务方式的颠覆。工业互联网是实现所有机器互联，不仅仅是制造工厂的机器设备互联，而是最终实现机器与机器的融合、人与机器的融合。美国重点通过操作系统、联盟等布局工业互联网，依靠其数据积累的优势，根据消费需求的海量数据进行大数据处理和云计算。大数据信息流通过互联网在智能制造设备交汇，由其分析、调整、决策，开展面向产品全生命周期的智能制造过程。美国工业互联网以网络、数据和安全三维度为核心，包括从生产系统内部智能化改造升级和依托互联网的新模式、新业态以及创新两个层面。同时，着力内外兼顾地协同推进工业互联网的发展。美国拥有强大的软实力，牢牢占据全球互联网格局和技术的最顶端；在智能制造技术的理论和应用研究方面，人工智能、控制论、大数据、物联网等长期处于世界的领先地位，拥有大量及全球领先的IT企业，如谷歌、IBM等；拥有优秀的基础元器件领域、数控机床和工业软件，包括CAX/PLM（Product Lifecycle Management，产品全生命周期管理）/ERP等软件方面的企业。美国的智能产品研发方面也一直走在全球前列，从早期的数控机床、集成电路、PLC，到如今的智能手机、无人驾驶汽车以及各种先进的传感器均出自美国高校的实验室和企业的研发中心。此外，美国的信息化较为成熟，制造企业积累了海量的数据，具有强大的制造咨询及生产性服务能力。

2. 德国

德国"智能+"制造的核心是以智能制造为标志的工业4.0。德国在2010年发布了《德国高技术创新战略2020》，提出实施工业4.0战略，希望创新克服成本劣势，继续保持其在全球制造业中的领先地位；继而在2013年9月正式发布了《实施"工业4.0"战略建议》；同年12月发布了《德国"工业4.0"标准化路线图》。德国工业4.0平台的先期由德国机械设备制造业联合会、德国电气电子行业协会和德国联邦信息产业、电信和新媒体联合会主导。2014年11月中德双方发表了《中德合作行动纲要：共塑创新》。2015年，工业4.0平台升级版的领导小组由德国经济部、教育研究部以及企业界、工会及科技界代表组成，旨在通过组织架构的调整，使现有工业4.0平台具有更广阔的产业和社会基础。2016年3月，工业4.0平台和工业互联网联盟代表共同推出了"工业4.0参考架构模型"和"工业互联网参考架构模型"，对其潜在的一致性和两种模型的互补性达成共识，并制定了可互操作的技术路线图。工业4.0平台作为一项国家计划，是德国新的高技术战略的重要一环，旨在实现制造业转型升级，为众多德国制造企业的未来发展提供思路与途径。工业4.0采取双重策略，即德国要成为智能制造技术的主要供应商和信息物理系统（Cyber Physical Systems，CPS）技术及产品的领先市场。德国工业4.0发展战略聚焦于推动工业互联网发展，产业联盟是其重要抓手，战略核心就是通过CPS网络实现人、设备与产品的实时连接、相互识别和有效交流，从而构建一个高度灵活的个性化和数字化的智能制造模式。

从国家层面来看，德国在推进工业4.0的过程中，注重推动经济社会迈向4.0时代，有效促进了区域协调发展。德国并不是孤立地推进工业化，而是以工业4.0理念为引领，以新一代信息技术为支撑，大力推行智能生产、智能管理和智能服务，推进整个经济社会迈向4.0时代。德国工业4.0的本质是以机械化、自动化和信息化为基础，建立智能化的新型生产模式与产业结构。在具体实施过程中则重点关注产品的生产过程，在智能工厂内建成生产的纵向集成；关注产品在整个生命周期不同阶段的信息，使其信息共享，以实现工程数字化；关注全社会价值网络的实现，达成德国制造业的横向集成。在这种模式中，创造新价值的过程正在发生改变，产业链分工将被重组，传统的行业界限将消失，并会产生各种新的活动领域和合作形式。

从企业层面来看，德国企业更加注重设备的智能化，强调将知识固化到设备中。原因是德国拥有世界一流的机器设备和装备制造业，在嵌入式系统和自动化工程领域更是具有领先地位,而软件系统与互联网技术是德国制造业的弱项。德国高端制造业发达,有先进的工业制造设备,有高质量的智能装备,同时在模具制造、数控机床、精密器械、动力装置、机械传动等领域都处于世界领先水平。另外,德国的中小型企业占比高,小而专的"隐形冠军"众多,装备制造企业集聚效应明显,经济结构有利于工业4.0未来的拓展。德国希望通过智能制造系统自下而上快速占据制造业高地,直至占领顶端的信息和数据系统,从而实现智能工厂和智能生产。

3. 日本

日本"智能+"制造的核心是以机器人及精益生产为特色的工业价值链互联互通的智能工厂。早期,日本即实施了"智能制造系统计划(IMS)"。2000年又制定"e-Japan"战略,提出五年内在信息网络技术方面赶超美国。2016年12月8日,日本工业价值链促进会(IVI)基于日本制造业的现有基础,推出了智能工厂的基本架构《工业价值链参考架构(IVRA)》。工业价值链参考架构嵌入了日本制造业特有的价值导向,借鉴了精益制造、持续改善的经营思想等,IVRA的正式发布标志着日本智能制造策略正式完成。2017年4月,IVI在德国汉诺威工业博览会上针对参考架构、信息物理平台、生态系统框架进行了推广介绍。其中,日本的工业价值链致力于探讨企业的相互连接问题,即跨企业生态系统。它通过建立顶层的框架体系,让不同的企业通过既定的接口,能够在一种松耦合的情况下相互连接,以大企业为主,也包括中小企业,建构具有日本制造优势的互联互通的智能工厂基本模式,从而形成一个日本工厂的生态链格局。此外,根据《日本制造白皮书2017》,日本将以实现互联工业作为发展目标,将3D打印、人工智能、自动化与智能制造、物联网作为主要资金和政策扶持领域。

日本在实现向智能制造转型的过程中，侧重于突破 3D 打印、工业机器人、机器对机器通信技术、物联网、虚拟现实、人机交互等技术，注重员工的培训，促进精益生产与智能制造的结合，以及利用机器人实现全自动智能制造。究其原因，无人加工能降低制造成本，遏制制造业海外转移，改善产业空心化现象，发挥日本的机器人产业优势。同时，自动化全封闭生产能够保障产品的质量，机器人高精度操作可以提高产品品质和作业安全。日本重视通过人实现知识的积累与传承，擅长博采众长，引进各国先进技术加以集成创新，重视知识密集型产业与重化工业部门。日本是全球工业机器人装机数量最多的国家，机器人产业群极具竞争优势，长期积累的机器人技术已广泛应用于工业生产。

2.1.3　国外推进"智能 +"制造的成功经验

1. 注重标准建设

德国"工业 4.0"的核心是建立人、设备与资源互联互通的信息物理系统 CPS，而这种互联互通必须基于一套标准化的体系。德国工业 4.0 工作组认为，推行工业 4.0 需要在 8 个关键领域采取行动，其中标准化和参考架构排在首位。为此，工业 4.0 工作组制定了共同标准，使合作机制成为可能，并通过一系列标准，在成本、可用性和资源消耗等方面对生产流程进行优化。同时，德国政府认为，标准化不是政府自上而下地推行，而是由企业牵头，以自下而上的方式发展。2013 年 12 月，德国电气电子和信息技术协会发表了"工业 4.0 标准化路线图"，提供了技术标准和规格，以及实现该标准的路线与规划。日本也认识到此标准的重要性，以丰田等为代表的先进企业的经验是通过精益生产消除浪费，再进一步优化，最后经过标准化环节将优化方案固化下来，以取得可持续成效，并将经过优化的标准作为智能制造的基础，通过标准化→模块化→自动化→智能化的路径实现智能制造。美国的工业互联网以机器和设备间的互联互通以及大数据收集及分析技术为核心内容，覆盖工业制造企业的整个生态链，通过互联互通接口标准为智能制造产业的发展提供规范和引导。

2. 加强基础突破和关键共性技术供给

美国联邦政府重点支持智能制造关键共性技术供给和加强基础突破。2012年3月，美国宣布成立国家制造业创新网络，支持新技术、新工艺和新材料的应用研究，计划投资十多亿美元，拟在10年内成立45个制造业创新研究中心。日本于2011年发布了第四期《科技发展基本计划》，该计划的主要内容是部署多项智能制造领域的技术攻关项目，旨在建设覆盖产业链全过程的智能制造系统。2013年6月日本政府公布《日本再兴战略》，制定了日本产业再兴计划、战略市场创造计划、国际展开战略三项计划，出台了对3D打印机等先进技术的投资减税政策，以重新塑造在实体经济领域的竞争力。

3. 强化机制保障，注重机制设计的精准长效

德国经济能源部、教育研究部联合成立工业4.0平台，具体包括四个分支：一是科学顾问委员会，负责政策监管、社会及多部门协作；二是指导委员会，负责产业发展战略、技术合作、决策和实施；三是工业4.0办公室，负责协调工业4.0平台的各种日常事务、公布合作进展等，由德国三个协会的代表组成；四是工业行业协会，由企业和企业协会代表组成，覆盖西门子、SAP五千多家企业。日本政府出台的各项政策和机制，如向不同创新阶段的中小企业给予补助，按精算比例给予企业税收减免等；还

有长达 20 年的提升区域竞争力的"产业集群计划",构建区域内产学官合作的横向网络等,无不体现政策机制设计的精准长效。

4. 产业联盟打通技术壁垒、注重智能制造商业模式创新

美国的行业联盟成为智能制造发展的重要推手。2014 年 3 月底,通用电气、Cisco、IBM 和 AT&T 共同发起成立了工业互联网联盟(IIC),意在建立一个致力于打破行业、区域等壁垒,促进物理世界与数字世界融合的全球开放性会员组织。2015 年 6 月,IIC 联盟发布了工业互联网参考架构。同年,通用电气开放了 Predix 操作系统,为机器设备提供了标准、可靠的数据传输接口,实现对各种设备进行互联和实时监测,并帮助制造企业开发自己的工业互联网应用,从而建立起涵盖装备制造企业、用户企业和 IT 企业的商业共同体。与此同时,日本经济贸易产业省和日本机械工程师协会共同启动了产业价值链计划 IVI,其核心内容是互联工厂或互联企业,正在成为日本智能制造的核心布局。目前,该产业价值链计划的成员包括西门子在内的全球企业已经超过 200 家。

5. 推进智能制造所需职业技术人才培养

整个德国社会尊重技能的文化传统是高技能人才产生的沃土,以"双元制"为特色的德国职业教育是其经济发展的柱石,素有德国"工程师摇篮"之称的应用技术大学,成为发展"双元制"教育体系的保障。德国逾一半的高校定位于应用创新,且比例逐步提高。为了鼓励上进,德国各条人才培养渠道之间具有所谓的"渗透性"。日本制造业人才培养主要由经济贸易产业省负责,通过鼓励培训,重点解决制造现场高水平技术传承问题。因此,日本非常重视继续教育,同时注重教育与市场结合,政府鼓励大学、科研机构与产业界合作培养高科技人才,推出了"高级专业人才育

成事业"计划,并给予财政上的大力支持。例如日本实施的《人才投资促进税制》,实质上是将国家资金和企业培训有效结合,对企业培训实行税收优惠。

6. 多种运作模式完善智能制造服务体系

德国支持并壮大社会组织,提高政企合作科研的能力,而高校外的科研创新活动主要由社会组织来承担。目前,德国四大代表性非营利社会组织——马克斯·普朗克学会、亥姆霍兹联合会、弗劳恩霍夫协会以及莱布尼茨科学联合会承担了联邦政府、州政府和企业的合同研究任务,年度总研发经费超过100亿欧元,占全德科研经费投入的1/8。美国制造业发展服务机构众多、专业化程度高。制造业创新中心由美国政府部门主导设立,采取商业化模式运作。融资方式上,初期由政府和会员共同出资,逐渐过渡到自我发展。创新中心需建立可持续的收入模式,在5~7年后脱离联邦财政,实现资金上的完全独立和自我发展。治理模式上,实行以董事会为核心的商业治理模式。项目运作上,注重从技术甄别、筹集研发提案、招标遴选到技术开发和转化的全过程。日本以"自给主义"为特征的创新系统不能再适应新形势发展的需要,尤其在信息技术等高新技术迅猛发展以及认识到智能制造是一种复杂系统的背景下,日本通过产官学合作提高了创新成果转化率,增强了企业的创新能力,改进了政府的政策效果,日本产官学系统的大规模投入为智能制造的发展奠定了基础。

2.2 中国"智能+"制造发展的三个阶段

历经改革开放四十多年的发展,中国已经成为名副其实的制造第一大国,所以,以智能制造为核心的工业4.0春风吹来时,中国制造业立刻掀起"智能+"制造的高潮。特别是在中国制造业由大到强的转变发展过程中,"智能+"成为制造企业转型和升级的重要手段,得到政府、研究机构、社会团体和工业界的普遍重视。

纵观我国制造业的"智能+"发展历程,从概念的初次萌芽发展到今天,经历了如下三个阶段。

2.2.1 数字化/自动化单元应用阶段

1974年,在沈阳飞机制造公司招待所以半公开的方式举行了我国第一个CAD会议,由此拉开了我国CAD/CAM研发的序幕。尽管这时还没有使用信息化这个词汇,但是这一事件可以称得上是我国企业信息化的萌芽与奠基。80年代,面对全球信息化的大趋势,全国掀起了宣传研究世界新技术革命和信息革命的热潮,积极引进国外相关的学术理论著作和知识。1980年前后,沈阳第一机床厂引进了当时民主德国工程师协会的INTERPS软件,这是我国企业应用的第一套MRP(Material Requirements Plan,物料需求计划)软件,标志着MRP在我国应用的开端。之后,从90年代开始MRP升级为ERP,国内有条件的企业不断尝试应用。在此期间,我国CAD/CAM技术开始逐步应用于机械制造、建筑、管道、电子、建材、纺织等众多领域,成为这段时期制造业信息化的一个重点内容。同一时期,MIS(管理信息系统)也在我国初步引进与发展,且在80年代中期,计算机集成制造系统(Computer Integrated Manufacturing Systems,CIMS)被列为我国高科技发展计划——"863计划"的主题之一。

20世纪90年代初,原国务委员兼国家科委主任宋健同志高瞻远瞩,积极倡导并推动CAD/CAM技术的广泛应用,深入浅出地提出了"甩掉图板"的号召。1991年8月,原国家科委、国家技术监督局、全国电子信息系统推广应用办公室、机电部、建设部、航空航天部、国家教委、中国科学院等八个部委联合向国务院上报了《关于大力协同开展CAD应用工程的报告》。1992年4月国务院批准由国家科委牵头，会同11个部委成立了全国CAD应用工程协调指导小组，以大力协同的精神开展工作。同时宋健提出了在5～10年内，运用CAD技术甩掉工程设计人员手中图板的想法。从"九五"期间开始，国家科委确定以"甩掉图板"工程来实现绘图设计自动化，并以之作为推广应用CAD技术的突破口，使制造业信息化大规模兴起。1996年，"CAD应用工程技术开发与示范九五目标"被列入国家科委重点项目，2000年整个制造行业经历了"甩掉图板"的变革。

随着"甩图板运动"的开展，到1996年，CAD应用在我国进入大面积普及推广新阶段。不同地区、行业的五百多家示范企业，结合各自的特点，投入CAD的应用实践中。数以万计的设计员、工艺员，通过认真的培训、学习，迸发出从趴绘图板的体力劳动中解放出来的巨大热情，他们逐步掌握了先进技术，把CAD技术成果转化成现实的生产力。到1999年年底，我国CAD技术应用已遍及29个省市的各行业，近十万家企业开展CAD技术应用。中国从20世纪90年代初的二维CAD开始，逐步向三维CAD、CAE（Computer Aided Engineering，计算机辅助工程）、CAPP（Computer Aided Process Planning，计算机辅助工艺过程设计，也叫计算机辅助工艺过程规划）发展，小部分企业实施了CIMS。当时，国产CAD软件在市场的占有率已达30%以上，打破了国外产品垄断市场的局面，企业的产品创新能力和经济效益明显提高。

在20世纪80年代，以宝钢为代表的钢铁企业便大举引进国外最先进的技术和设备，采用合作设计的方式，选派专家出国与外方专家合作设计，共同制造。宝钢的自动化改造对于我国自动化技术的应用和普及起到了非常突出的带动作用。同时西门子、通用电气、三菱、东芝等国际自动化品牌的进入也促进了工业自动化技术的推广和普及，迅速形成了流程工业采用自动化仪表（集散系统）、离散工业采用PLC+工业控制网络的典型系统构架。在大型企业中，我们铺设了经营级、管理级、生产级和过程级的四级计算机网络。

这一阶段的突出特点是：中国制造业从政府宏观和企业微观两个层面大力推动单个生产环节，如产品设计的信息化、个别生产设备的自动化等。虽然我国制造业信息化和自动化起步晚，但是得益于国家科委的科学决策与有力政策，我国在这一阶段完成了从 0 到 1 的蜕变，并使信息化和自动化生产管理技术迅速推广普及到制造业的重要环节，为后续中国制造业建立规模优势和产业链协同优势等国家竞争优势奠定了基础。

2.2.2 "互联网+"制造集成应用阶段

1993 年 9 月，美国政府宣布实施一项新的高科技计划——国家信息基础设施（National Information Infrastructure，NII），旨在以互联网为雏形，兴建信息时代的高速公路——"信息高速公路"，实际上就是计算机网络的基础工程。继美国提出信息高速公路计划之后，中国迅速做出反应。1993 年年底，中国正式启动了国民经济信息化的起步工程——"三金工程"，即"金桥工程""金卡工程""金关工程"。

- "金桥工程"是建立国家共用经济信息网，具体目标是建立一个覆盖全国并与国务院各部委专用网连接的国家共用经济信息网。
- "金卡工程"则是以推广使用"信息卡"和"现金卡"为目标的货币电子化工程。
- "金关工程"是对国家外贸企业的信息系统实施联网，推广电子数据交换技术（EDI），实行无纸化的外贸信息管理工程。

随着"三金工程"的开展，制造业工厂内部的信息网络（即局域网）开始普及，企业逐渐开始建立企业 MRP、MRPII 和 ERP，通过互联网对全流程制造过程进行信息化管理。

这个阶段以制造业局域网、广域网的普遍使用,以及各类系统集成应用为主要特点。ERP 的普及应用联通了制造企业进、销、存三个环节,再与财务集成,形成了企业生产资源的物流、资金流的全面集成应用。规模较大、信息化程度较高的企业进而把 ERP 与 PDM、CAD、CAM 及 MES 等集成应用,形成了制造企业从产品设计工艺到制造和销售全生命周期的纵向集成应用,实现了集团公司或大企业跨区域网络化协同制造模式,显著提高了企业资源整合能力、运作效率和市场综合竞争能力。

2.2.3 "智能+"制造发展阶段

1. 工业互联网、工业大脑粉墨登场

随着信息技术的发展,工业生产过程中所产出的海量数据为制造业提供了新机遇与新挑战。2014 年,大数据首次写入我国政府工作报告,象征着"中国大数据政策元年"的开始。大数据在制造业中的落地是依靠工业互联网的信息基础设施。工业互联网的本质是以机器、原材料、控制系统、信息系统、产品以及人之间的网络互联为基础,通过对工业数据的全面深度感知、实时动态传输与高级建模分析,形成智能决策与控制,是驱动制造业智能化发展的核心,是当今"智能+"制造中的一大热点,或称为焦点。当今已经进入了智能制造时代,"智能+"制造是目前两化融合的核心和重点。

在数据化时代中,云计算、大数据、物联网、人工智能等新一代信息技术与传统工业的结合,推动着工厂从工业 1.0 机械时代到工业 2.0 电气时代以及工业 3.0 自动化、信息化时代,再到工业 4.0 智能化时代的发展。从目前来看,基于工业互联网、以智能为特色的工业大脑是制造业的"新物

种"，是人类智慧与机器智慧深度融合的产物，这是一个全新的角度，用数据、算力与算法破解工厂密码。工业大脑已逐渐超脱工具的角色，形成制造业的一套解决问题的方法、一种管理理念和一种精益文化。而对于工业大脑的打造，则需要经过工业大脑应用的开发、模型/算法的沉淀、工业大脑平台的开发以及工业智能协同网络等发展阶段。

现阶段，不少高科技企业专注于对工业大脑的打造，其中阿里云打造的"ET工业大脑"，旨在通过建立数据流与业务流的双螺旋结构，实现生产制造流程中的智能协同，降本增效。百度打造的"百度大脑"则侧重于运用人工智能技术，为制造业的产品服务、生产模式以及运营模式提高效能。未来，构建的生态智力共享模式、与工业互联网平台的融合程度将直接决定工业大脑的进化。

2. 由"互联网+"到"智能+"

自消费互联时代以来，我国的互联网经历了前所未有的大发展，互联网相关产业空前繁荣。当前，我国经济发展进入新常态，新旧动能转换需求迫切，而多数企业当前重点仍聚焦于传统竞争层面。党的十九大报告提出，推动实体经济与互联网、大数据、人工智能深度融合，可见"智能+"制造正处于新时代、新征程、新阶段。2018年以来，美国对华贸易限制正在改变世界经济版图，越来越多的国际化企业正逐步撤离生产制造成本逐年增高的中国，中国经济的协同创新发展遇到前所未有的威胁。人工智能是新一轮科技革命和产业变革的重要驱动力量，加快发展新一代人工智能是事关我国能否抓住新一轮科技革命和产业变革机遇的战略重点。2018年10月，中共中央政治局集体学习人工智能，加快推动我国新一代人工智能健康发展。智能制造是主攻方向，现阶段重点是制造业与互联网、大数据、人工智能的融合，利用信息技术改造和提升传统竞争力，培育、发展、构建开放的价值生态新型竞争能力,这一理念已成为国家共识。实体经济与两化深度融合是建设制造强国和网络强国的扣合点,是我国经济实现高质量发展的必然选择,是全球新一轮产业竞争的制高点。

2019年,中央全面深化改革委员会通过《关于促进人工智能和实体经济深度融合的指导意见》,提出要把握新一代人工智能发展的特点,坚持以市场需求为导向,以产业应用为目标,深化改革创新,优化制度环境,激发企业创新活力和内生动力,结合不同行业、不同区域的特点,探索创新成果应用转化的路径和方法,构建数据驱动、人机协同、跨界融合、共创分享的智能经济形态。

3. 由数字经济到智能经济

到了20世纪八九十年代,随着数字技术与网络技术相融合,数字经济特征发生了新的变化,全球范围的网络连接生成的海量数据,超出之前分散的终端所能处理的能力,云计算、大数据等数字技术快速发展。1996年,唐·泰普斯科特（Don Tapscott）在《数字时代的经济学》一书中正式提出数字经济概念。随后,数字经济被认为是以数字化的知识和信息为关键生产要素,以数字技术创新为核心驱动力,以现代信息网络为重要载体,通过数字技术与实体经济深度融合,不断提高传统产业数字化、智能化水平,加速重构经济发展的新型经济形态。我国数字经济规模不断地以指数形式增长,国际影响力不断攀升,特别是在消费互联网方面,以BAT为代表的一大批国际水准的数字经济企业享誉全球。

智能经济是以大数据、互联网、物联网、云计算等新一代信息技术为基础,以人工智能技术为支撑,以智能产业化和产业智能化为核心,以经济和产业各领域为应用对象的新型经济发展形态。2011年3月3日,欧盟委员会发布的"欧盟2020战略"指出,以知识和创新为主的智能经济将是欧盟未来经济发展的三大重点方向之一。近年来，随着人工智能行业的突飞猛进，智能经济逐渐引起社会的广泛关注。许多国家纷纷出台促进智能经济发展的战略举措及政策规定，我国不少地方也提出要大力建设智能经济发展示范区。

目前，智能经济已成为新一代信息技术创新最活跃、应用场景最广泛、产业爆发力最强、辐射影响最广的经济领域，成为引领未来全球经济发展的新焦点。在生产领域，智慧工厂借助物联网技术能够实现对人员、机器、物、生产环境的互联互通和智慧管理。智慧车间的工业机器人可以大量替代人工，既节约成本又提高工作效率。未来十年内，智能家居将变得普遍，家庭机器人将完成大部分的家庭体力劳动，成为人类的同伴或者助手。机器服务成为家庭生活的普遍场景，将重新定义家用电器的设计、功能与人机交互。在交通领域，汽车将成为新的智能终端，无人驾驶汽车可以在没有任何人类主动性的操作下，让电脑自动安全地操作机动车辆。

2.3 中国"智能+"赋能制造存在的问题

2.3.1 "智能+"赋能制造基础欠缺

我们以珠三角"智能+"赋能制造企业转型的现状为例，来阐述中国制造企业转向"智能+"制造还面临着非常严峻的挑战和突出的困难。

1. 工业标准化基础差，智能制造系统集成困难

相对全国其他区域，广东省依托珠江东岸（以深圳、东莞等地为代表），业已形成雄厚的电子信息产业基础优势。珠三角的信息基础设施整体水平在全国处于领先地位，为众多的珠三角制造企业降低信息系统构建成本、提高信息化应用水平，以及提升整个区域的两化融合水平起到了重要

的推动作用，并进一步为珠三角制造业向智能制造转型提供了较为扎实的工业互联网基础。

但是，相较于以美国、德国等为代表的西方发达国家，珠三角甚至是国家层面在新型工业互联网的相关标准与协议制定方面还缺乏话语权。因为新型工业互联网设备与系统研发实力整体比较落后，构建工业互联网实验验证平台和标识解析系统的能力缺失，实现智能制造的"智能+"安全保障体系基础薄弱，工业云和大数据平台建设尚处于起步阶段，支撑工业4.0的高速、移动、安全的新一代"智能+"基础设施尚未形成。目前珠三角缺乏"行业化"工业互联网标准和协议，订单式用户个性化定制的制造模式占主流，工业标准化程度低，不具备全面自动化的基础。因此，积极对接工业4.0国际标准，在全国率先建立珠三角标准，以珠三角标准引领示范全国，继而推动珠三角工业互联网标准的国际化任重而道远。

另外，关系到珠三角智能制造转型成功至关重要的一环——智能制造系统集成解决方案，其供给能力严重不足，而且非常缺乏可与美国、德国等西方发达国家相媲美的系统集成解决方案提供商。受限于智能制造核心技术的薄弱、相关智能制造与工业互联网高端人才的稀缺以及过往应用领域单一等因素，珠三角特别是深圳与广州现有的智能制造系统集成解决方案提供商规模普遍不大，集成能力差强人意，缺乏提供集成的整体解决方案的能力，国际竞争力不强。这也在一定程度上延缓或阻碍了珠三角智能制造转型的整体步伐。

2. 行业关键共性技术受制于人，智能制造转型成本居高不下

凭借先前的改革开放政策红利、国内庞大的劳动力人口红利和上一轮全球制造业转移的契机，珠三角制造业已构建起较为完善的工业体系。尤其是近几年，以佛山、珠海等为代表的珠江西岸的先进智能装备制造，以

深圳为代表的珠江东岸以及广州的集成电路芯片、工业软件等都发展迅速，并走在全国前列。

但是，智能制造关键核心技术、高端智能装备、工业基础软件等仍然严重受制于以德国、日本、美国等为代表的西方发达国家，它们牢牢掌控并垄断了智能制造转型或发展的关键环节与领域。与此同时，珠三角乃至全国的相关知名高校、科研院所以及龙头骨干企业在智能制造这些关键共性技术领域的自主创新体系尚未形成，诸如工业软件、工业互联网、智能测控、智能芯片、数控机床、新型传感器等技术研发能力严重不足，而且在今后相当长的一段时间内都难以实现赶超，在客观上给珠三角企业实施智能化转型升级带来较高的成本压力，投资回报等经济利益的预期相对悲观，制约甚至直接扼杀了部分企业的智能制造转型升级的意愿与动力。即使是美的、格力、广汽等骨干企业，也受到上述技术环节的制约。

3. "智能+"制造基础差异大，产业链智能协同能力弱

从以德国、美国、日本等为代表的西方发达国家企业智能制造转型的成功经验可以看出，智能制造模式的大规模推广不仅需要核心制造企业自身建立智能工厂，还需要上下游产业链上的企业高度协同配合；或者说，整个产业链上的众多企业的智能化水平或智能制造转型步伐趋于一致，才有可能做到整体高效协同，进而实现真正意义上的工业4.0。

而珠三角各行业产业链上的众多制造企业普遍处于工业1.0或工业2.0阶段，完全达到工业3.0的制造企业非常少。统计数据显示，广东省（主要集中在珠三角）目前有67%的企业处于从工业2.0到工业3.0的过渡阶段，23%的企业处于从工业1.0到工业2.0的发展阶段，剩下的处于工业1.0阶段。产业链上下游制造企业智能制造基础差异大，实现产业链协同的智能生产模式难度大，难以按照诸如华为、美的等行业骨干企业智能制造

转型的发展步伐整体协同推进。因此，行业龙头骨干企业难以有效地通过产业链智能制造的协同效应带动一大帮本土中小微企业快速崛起，最终迟滞甚至阻碍了珠三角智能制造产业集聚效应的形成与智能制造生态系统的打造。

2.3.2 中国"智能+"赋能制造生态滞后

中国"智能+"赋能制造的动态演化过程呈现如下特征：从单一维度优势向多维度组合优势演化，从要素规模优势向要素间的协同效率优势转变，从各行业高度同质的竞争优势逐渐向存在多种组合路径的竞争优势发展。当前，我国制造业的转型升级到了关键的阶段，一方面，制造业高端化决定了制造业必须与生产性服务业紧密结合，才能构建新的产业竞争优势。另一方面，制造业"脱实向虚"的迹象明显，金融、"互联网+"和共享经济等虚拟经济阶段性的高增长分散了制造企业的资源配置，越来越多的制造企业放弃聚焦主业的战略选择，而选择行业多元化甚至是"逃离制造业"的战略。所以，当前对"智能+"赋能制造而言，产业生态系统建设滞后是一个突出的问题。

1. 中介机构服务水平滞后，系统化解决方案供给能力不足

近年来，珠三角在推进智能制造转型过程中，先前存在的众多中介服务机构纷纷加快开展面向智能制造的转型或升级，也涌现出很多崭新的中介服务机构，各级地方政府也积极出台了推动智能制造生态系统建设、特别是培育与加强中介服务机构的政策举措与环境，包括外包部分智能制造转型的任务或职能，交于中介服务机构完成等。珠三角各地市众多的相关中介服务机构在推进智能化转型升级过程中发挥了一定的作用。

但是，这些现有的众多中介服务机构，特别是以行业协会为代表的社

会中介组织，在推动区域整体智能制造转型过程中的能力还比较薄弱，成效不够显著。要么是中介服务机构规模小、服务品牌和能力不足；要么是服务技术内容单一，各种稀缺的服务资源缺乏整合，协同效应未能得到有效挖掘，难以提供系统化解决方案。究其根由，主要是各级地方政府对智能制造特别是智能制造生态系统建设的重要性认识不够，相应地对在智能制造生态系统中发挥桥梁或润滑作用的广大中介服务机构的政策引导与投入力度也不够大，这在某种程度上导致了部分既有的中介服务机构在面向智能制造转型中存在服务能力不强、服务内容单一等问题。所以，今后加大加强对广大中介服务机构的扶持与培养是推动珠三角智能制造生态系统建设非常重要的一环。

2. 人才结构性短缺，赋能制造转型创新能力弱

智能制造是全球新一轮信息技术革命和第四次工业革命高度跨界融合的产物，在今后相当长时期内都是全球制造业的主流发展模式，并且会不断向纵深发展。人才是智能制造强国的根本，是制造企业向智能制造成功转型创新的主体。

然而，珠三角在加快推进智能制造转型过程中还存在比较严重的人才短缺问题，没有足够的智能制造人才支撑。从智能制造人才的既有存量上看，珠三角制造业向智能制造转型的多层次人才队伍体系尚未形成，以下四种人才均极为缺乏：

- 一批能够突破智能制造关键技术、带动制造业智能转型的高层次领军人才。
- 一批既擅长制造企业管理又熟悉信息技术的复合型人才。
- 一批能够开展智能制造技术开发、技术改进、业务指导的专业技

人才。

- 一批门类齐全、技艺精湛、爱岗敬业的高技能人才。

智能制造企业的人才严重供不应求，尤其是一线高素质、高技能人才（第四类）和实战型、高层次行业领军人才（第一类）。未来十年，国内制造业十大重点领域将面临巨大的智能制造人才缺口。由于人才不足及由此引发的转型创新能力不够，导致了相当数量的企业即使已经认识到转型的必要性，受制于能力的不足而只能采取观望和保守态度。我们从对珠三角重点领域若干制造骨干企业的调研访谈中也深刻地体会到这个严峻的问题。

从智能制造人才（复合型与专业技术人才）的培养上来看，过去多年来，我国高等院校与科研院所非常缺乏有针对性的人才培养体系，不仅仅是这几年快速崛起的智能制造领域。我国高等院校人才培养基本上是按照苏联学科分类模式设置，跨学科、复合型人才的培养机制没有普遍形成，而智能制造需求的人才往往需要具备复合交叉学科专业的最新知识和技能。而且，国内高校与科研院所当前的考核导向还主要以纵向项目、学术论文、科研获奖为主。本科院校考核评估以理论成果为主要导向，专科院校则努力升级成本科院校，热衷于"更名"，办学定位模糊严重影响教学质量，学校及学生数量虽多，但知识与技术结构、实践需求不匹配，特别是实践教学效果差，导致高校、科研院所与国内广大智能制造转型企业的实际需求、职业标准等严重脱节，产学研合作的力度及相应的人才培养也自然大打折扣。珠三角高校也存在类似的人才培养问题，在企业的调研访谈中被屡屡提及。

从珠三角智能制造人才的储备上看，广东省理工院校的比例远低于全国平均水平。当前珠三角与长三角、京津冀城市群相比，国际上有知名度或者国内顶尖的高校仍然缺乏。人才的本土培养水平与其他世界城市群还有很大差距，特别是智能制造中需要的复合型高端人才尤为欠缺，这是珠三角加快智能制造发展亟须解决的问题。

从珠三角智能制造最为稀缺的一线高素质、高技能人才培养上看，尽管高职高专在校生总量占了广东省高校的半壁江山，但是，广东省现行的职业教育模式偏重系统理论传授，课程体系建设普遍滞后，校企合作缺乏长效机制，地方政府对此板块的认知缺位、重视不够、引导不力，造成学用结合不够紧密，严重影响了职业教育的针对性和实效性，也在一定程度上阻碍了珠三角制造业向智能制造转型的整体力度和步伐。企业迫切需要改革现有的职业教育模式，培养更多的高端人才以加快企业转型。

3. 金融服务的导向偏差，"智能+"无法得到"金融+"的强力支持

"智能+"赋能制造必须在"金融+"的基础上才能解决高投入问题。然而，我国"智能+"赋能制造在转型升级中遭遇的另一个瓶颈是金融等众多领域的市场化规范尚未完善，这就导致制造企业与相关关联行业之间的协同效应缺乏稳定的机制，制造企业寻求与关联产业合作的交易费用昂贵、缺乏规范的合作机制等。金融行业与制造业的融合，前者的功利与短期行为、套利行为等与制造业长远发展的目标相去甚远，难以形成合力。特别是国内房地产行业的畸形发展吸引了多数金融投资，加上股市的不规范，"智能+"赋能制造目前没有得到"金融+"的强力支持。

第二篇

"智能+"制造方略

　　智能时代,制造企业如何通过"智能+"赋能?赋能的方向和路径是什么?目前,中国"智能+"制造的发展尚处于企业实践探索阶段,亟待提出"智能+"制造发展的总体战略框架与路径,从而用以指导制造企业"智能+"赋能升级的实践。本篇试对中国"智能+"制造企业赋能之路的方略展开构想。

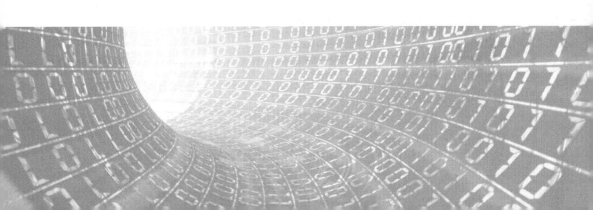

第 3 章

"智能+"制造追求的目标

从我国制造业发展动能转换的历史沿革可以看出,提升制造业链条价值创造的能力与全要素生产效率是促进制造业高质量发展与升级的本质驱动力。我国制造业嵌入全球制造业的产业链和价值链网络之中,并为经济全球化做出了重要贡献。反过来,我国制造业的发展与升级也要循着全球价值链网络的链条,升级价值创造的效率或者衍生价值创造的环节。从这个意义上讲,制造业发展与升级就是制造业价值链的重构与升级。

3.1 我国制造业价值链攀升方向

无论中国制造业如何发展,通过以互联网、大数据和人工智能技术为核心的"智能+"赋能都是我国制造业在全球价值链网络中升级的重要力量。先进制造业向自身产业链两端延伸的过程中必然涉及"智能+"相关技术的突破和整合，而传统制造业无论是在原价值环节的升级还是跨行业融合发展，都必然享受"智能+"的赋能效应。所以，"智能+"是我国制造业发展与升级的重要途径。

3.1.1 产业价值链环节的原地提升

产业价值链环节的原地提升是在价值链环节不变的情况下，通过提高其技术和知识含量来提高该环节的市场垄断性及在此基础上的附加值，改变整条微笑曲线的形状，如图 3-1 所示。这种改变可分为两种情况：

一是提升加工、组装等最低端的环节，经原地提升后形成新的价值链微笑曲线。其显著的变化特征是，原来陡峭的微笑曲线变得相对平缓。也就是说，最低端环节的技术（知识）含量、市场垄断性和附加值的大幅提升，可以大大缩小现有价值链内各环节之间的价值增值能力及收益分配地位上的差距，围绕微笑曲线展开的产业内分工由垂直型朝着水平型方向转变。

二是提升最高端的研发、营销等环节，经原地提升后形成新的价值链微笑曲线。其明显变化特征与第一种情况恰恰相反，新的微笑曲线变得比原来更加陡峭。也就是说，最高端环节的附加值、市场垄断性、技术（知识）含量的大幅提升可以扩大现有价值链内各环节之间的价值增值能力及收益分配地位上的差距。高端环节的价值增值能力、收益分配地位得到更大提升，低端环节的价值增值能力、收益分配地位则更趋下降，围绕微笑曲线展开的产业内分工朝着更高程度的垂直型趋向改变。

现有价值链环节的原地提升，足以改变整条微笑曲线的形状，即链条内各环节之间价值增值能力、收益分配地位的差距。这种原地提升的价值链高端化路径可以有两种方略选择：产业链同一环节的横向整合与原有企业自身的积累提升。

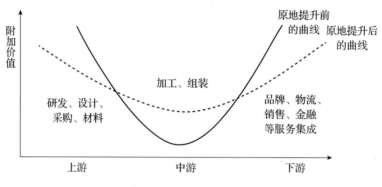

图 3-1　产业价值链现有环节的升级模式

1. 产业链的横向整合

产业链的横向整合就是指在产业链同一环节的企业之间进行合并或者横向联盟。当下，可以充分利用互联网、大数据以及人工智能技术，对整合对象进行科学分析和研判，对整合后的运营进行管控、智能操作，增加产业链运作的透明度，提高运作效率，降低各类成本。同时，横向整合可以提高市场集中度，带来丰富的技术经验、管理经验、市场经验等，有效增强与上下游企业的谈判能力，从而在不改变价值链环节的情形下，改变原有微笑曲线的陡峭程度及其所代表的各环节之间的价值增值能力、收益分配地位差距。这既包括了产业价值链内各相对高端环节企业间的横向整合，也包含了各相对低端环节企业间的横向联合。通过横向整合，都有可能达到如图 3-1 所示的效果。比如，国内染料行业的龙头企业浙江龙盛，通过其子公司盛达国际资本有限公司，转股成了全球最大纺织染料供应商之一——德司达集团所持有的可转换债券，获得了德司达 62.43% 的股权。德司达是一家定制生产特殊性能染料与颜料解决方案的公司，具有众多的领先核心技术和强大的市场影响力，拥有阿迪达斯、耐克、彪马等世界高端客户群体。通过这一横向整合，浙江龙盛一举成为全球染料行业的龙头企业。

2. 原有企业自身的积累提升

企业自身积累的方式是技术更新、流程再造和产品更新。其中，流程再造强调再考虑和再设计现有的业务流程，将其作为改造中心和对象，以关心顾客需求和追求客户满意度为目标，利用现代化管理手段，实现管理职能集成；运用先进的信息技术手段，实现技术功能集成，建立全新的过程型组织架构来取代传统的职能型组织架构，从而使企业经营降低成本、提升质量、优化服务等。互联网、大数据和人工智能等前沿的科技创新技术通过与传统制造业的融合，赋能制造业全产业链升级与重组，构建制造业的创新优势，提升制造业的生产效率、敏捷性和市场柔性。比如尚品宅配，将互联网和工业自动化技术赋能板式家具生产，创新演化出互联网定制家具行业的新兴细分制造行业，在赋能家具传统制造业升级的同时，还输出国外，进一步构筑国际竞争优势。又如，台湾积体电路制造股份有限公司打破传统的代工和生产制造模式，采用服务业的方式和态度来运营生产制造企业。通过建立 e-foundry 客户服务网站，让顾客置身于虚拟晶圆厂之中，能够看到晶圆的生产情形，随时跟踪产品工艺流程并追踪订单信息，让顾客在规定的时间范围内获得想要的产品，协助顾客提升管理的效率和效果。

3.1.2 产业价值链的两端延伸

产业价值链的两端延伸就是不断向产业价值链内高技术（知识）含量、高垄断性、高附加值环节转移和攀升，可以细分为以下四种。

1. 向上游产业链延伸

向上游产业链延伸是指产业链中的制造企业介入研发、设计、规划等上游的环节，进而实现产业链的上游高端化。这一路径的关键在于提高与其核心竞争力密切相关的研发和设计水平，加大科研投入，提高技术含量，走技术创新驱动之路。实现上游价值链高端化的制造型企业，其制造生产不再是主要业务和重要利润来源，而是逐渐将销售、研发、设计和规划等作为企业的主要业务和收入来源。一般而言，上游产业链的延伸发展比较适合希望积累技术力量、逐渐实现高端化的企业。其中最为关键的是汇聚高端研发人才。当今，很多企业都在利用互联网和人工智能等新技术，通过各种方式网罗全球化人才进行网络化、社会化群体研发，而不再拘泥于传统只靠企业自身全职员工的研发模式。

2. 向下游产业链延伸

向下游产业链延伸是基于制造企业产品服务系统的产品导向，企业的发展重点转向品牌管理、营销手段，以及为消费者提供体贴周到、更加人性化的售后服务。随着向"微笑曲线"右端的不断攀升，制造企业可以夯实制造环节、打造品牌优势，通过为客户提供多样化的产品服务进行体验式营销，在售后服务上日臻体贴，提高产品附加值。对制造企业来说，下游产业链高端环节升级的关键点在于营销观念的转变和商业模式的创新，进而发展为服务型制造。当今的互联网时代、智能时代，要求企业逐步从传统营销模式过渡到新零售、网络营销等新模式。

3. 向上下游产业链同步延伸

制造企业也可以同时向上游和下游产业链延伸，实现价值链的高端化升级。此种升级路径对企业要求较高，一方面要加大对产品研发的投入，另一方面要加大对生产性服务的投入和营销网络、品牌打造等业务的投入，因此，上下游产业链同时延伸是高端化升级的高级路径。通常，这条路径只适合有竞争优势的大型制造企业。

4. 完全去制造化

完全去制造化就是"彻底去除制造"。因为制造环节的附加值太低，不能带来高利润，所以企业放弃这一环节，只从事产业价值链上的高附加值环节。企业如果在产业价值链的上下游具备了很强的竞争优势，也就掌控了整条产业链，那么就能够实行完全去制造化方略，将低附加值的制造环节完全分离和外包出去。例如，耐克和美特斯邦威就选择了完全去制造化方略，专注于产业价值链上高附加值的两端，如设计、品牌管理、市场营销等，而将制造这一低附加值环节完全外包出去。

实际情况是，我国制造业升级的一种常见的方向或趋势是沿制造业产业链向两端延伸，通过企业的一系列横向整合与重组，发挥制造资源与研发资源、关键原材料资源、品牌/渠道资源等横向产业链协同优势，提高制造环节的敏捷性和市场精准性。过去，多数大型制造企业，如格力、海尔、广汽、宝钢等，都是横向打通了全产业链环节，从而实现从上游原材料到下游销售渠道的全面整合。通过全产业链整合，制造业整合研发、原材料供应、物流、销售渠道等附加价值环节，提高了单位附加值，构筑了产业链协同的全球竞争优势。当前，许多传统制造业，尤其是原材料、研发或销售渠道来自海外的，如半导体、电子设备、高端服装服饰等行业，也正在寻求上下游产业链延伸整合，以突破美国等西方国家对我国制造业的"封堵"。未来，在无人机、半导体晶圆、OLED、工业机器人等高端制造行业，产业链横向整合重组仍将是其发展和升级的主要方向之一。

我国制造业的另外一个升级方向就是坚守原有制造环节，通过生产制造技术创新不断推动制造环节的升级与发展。具体表现在以下三个方面：

- 一是通过技术攻关，攻克制造环节中的世界性难点，提升制造能力并打造全球制造优势。比如潮州三环陶瓷公司经过在陶瓷材料工艺技术方面持续20年的投入与深度耕耘，最终升级为行业隐形冠军，成为华为、三星等手机陶瓷机身最大的供应商。
- 二是通过技术整合，实现制造环节跨领域、跨专业的技术对接与融合，实现产业集成创新，构筑制造环节难以复制的竞争优势。比如我国的高铁，就是在博采美、日、德等国先进技术的基础上，实现的集成创新和自主先进制造技术升级。
- 三是持续不断的技术研发投入，构建关键设备制造环节的绝对竞争优势。比如华为在通信设备上的持续研发投入，构建了在5G上的全球领先优势，并由此向手机、CPU、系统软件等领域延伸。

3.1.3　从外部对现有价值链环节进行高端切入

从现有产业链的外部入手，由一个全新的产业链进行高端切入，直接占领高端地位。也就是说，在其他具备更高技术（知识）含量、垄断性和附加值的产业链中，应用现有产业价值链中的能力，开辟链条升级的产业高端化路径。例如，通用电气公司拥有两个制造业产业部门，分别为技术基础设施部门和能源基础设施部门。在制造业产业部门中，通用电气每年为自身和其他企业甚至是竞争对手的产品对象提供技术套餐服务，包括前期的战略咨询和研发设计、中期的制造生产，以及后期的升级、维护与保养等。很明显，通用电气公司在原有的产业价值链上已经占据了高端地位。在此基础上，通用电气又高端切入了两个服务业产业部门，分别为金融和美国全国广播公司（National Broadcasting Company，NBC）。这两个部门在各自的产业价值链上也占据了较高地位，具有较强的价值链控制能力，并服务于原有的制造业产业的发展。同时，占据产业价值链高端位置的服务业和制造业产业部门，使服务收入占了通用电气公司总收入的绝大部分，增强了通用电气的整体实力。又如美的通过收购库卡，整合工业机器人高端制造资源，实现工业智能制造技术赋能传统家电制造业，提升了家电制造的全要素生产率和产品性能，进一步促进制造业创新升级。同时，美的进军机器人行业，实现从外部对现有价值链环节的高端切入。

3.2 "智能+"赋能制造发展蓝图

改革开放以来，中国经济发生了翻天覆地的变化，中国制造功不可没。自2010年起中国制造业规模和总量已居世界第一，但大而不强。与世界制造强国相比，中国制造业屈居第三方阵，差距主要表现在自主创新能力不强、产业结构不尽合理、质量基础相对薄弱、资源利用效率偏低、行业信息化水平不够高等几个方面。2015年5月8日，国务院印发《中国制造2025》，规划以智能制造作为中国制造业转型升级的主攻方向，设定出历时三个十年实现制造强国的战略目标，即到2025年进入世界制造强国行列，到2035年进入世界制造强国行列的中间位置，到2045年进入世界制造强国的前列。

中国的企业按照制造强国的战略部署，在"智能+"的赋能作用下，一定能够实现伟大的"中国梦"。未来几年、二十几年内中国制造业将呈现出产业规模大、具有成熟健全的现代产业体系，各产业之间和产业链各环节之间密切联系，产业组织结构优化、基础产业和装备制造业水平较高、拥有众多有较强竞争力的跨国企业，制造业生产技术水平世界领先、产品质量水平高、劳动生产率高、创造价值高、占据价值链高端环节，具有较强的自主创新能力，绿色制造，智能化发展水平较高等制造强国的特征。

3.2.1 "智能+"赋能制造发展目标体系

"智能+"制造的战略目标是推进制造业智能化快速发展并取得预期的主要成果的总体设想和期望,也是对所要达到的制造业智能化水平的具体规定。各国智能制造发展的目标架构不尽相同。例如,2013年4月8日,德国工业4.0工作组在汉诺威工业博览会上发布《保障德国制造业的未来:关于实施"工业4.0"战略的建议》,其总体设想主要包括两部分:一是智能工厂,重点研究智能化生产系统及过程,以及网络化分布式生产设施的实现;二是智能生产,主要涉及整个企业的生产物流管理、人机互动以及3D技术在工业生产过程中的应用等。负责美国智能计划的机构SMLC(智能制造领导力联盟)对智能制造的期待是:从工厂运行到供应链都是智能的,能够在产品全生命周期虚拟跟踪资本资产、工艺和资源,具备柔性、敏捷和创新的制造环境,绩效和效率都是最优化的,业务和制造都是高效协同运行的。实现"智能+"制造的路径包括以下五个环节:

- 将数据转化为知识,关注建模标准、数字化环境与信息基础设施;
- 将知识转化为模型,关注智能化的工艺建模、仿真、分析与优化;
- 将模型转化为关键工厂资产,关注工厂级的智能工艺实施与智能制造管理;
- 关注工厂资产的全球化,关注企业(联盟)级的智能制造;
- 建立关键绩效指标,关注面向智能制造的教育与技能。

中国经济信息社指数中心评价国家制造智能化水平时采用了包括发展环境、要素支撑、发展基础以及制造业智能化应用水平四个维度、三阶层,共22项指标。《智能制造发展规划(2016—2020)》(工信部联规〔2016〕349号)定义,智能制造系统由三部分组成,如图3-2所示。

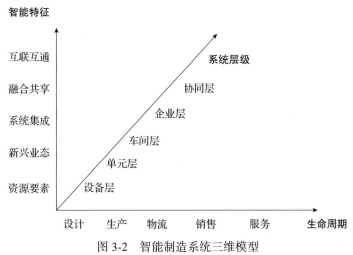

图 3-2　智能制造系统三维模型

资料来源：《国家智能制造标准体系建设指南》(2018 年版)。

生命周期维度内容包括设计、生产、物流、销售、服务等一系列相互联系的价值创造活动。不同行业的生命周期构成不尽相同。智能特征维度内容包括互联互通、融合共享、系统集成、新兴业态和资源要素等五层智能化功能要求。系统层级维度内容包括设备层、单元层、车间层、企业层和协同层等与企业生产活动相关的组织结构层级。本书认为：智能制造过程就是将智能技术与制造过程融合的过程，是借助"智能+"赋能制造，实现从业务单元到企业整体的数字化、网络化、智能化，达到感知、执行、控制与决策的闭环过程，实现提高制造效率、改善功能价值、再造制造竞争新优势。可将《国家智能制造标准体系建设指南》的三维智能制造系统架构，简化为"智能+制造"两个维度（见图3-3）。其中，制造维度包括制造过程的设计、生产、物流、销售、服务五类活动，共细分为13个域：产品设计、工艺设计、工艺优化、采购、计划与调查、生产作业、质量控制、仓储与配送、安全与环保、物流管理、销售管理、客户服务和产品服务；智能维度包括互联互通、融合共享、系统集成、新兴业态和资源要素

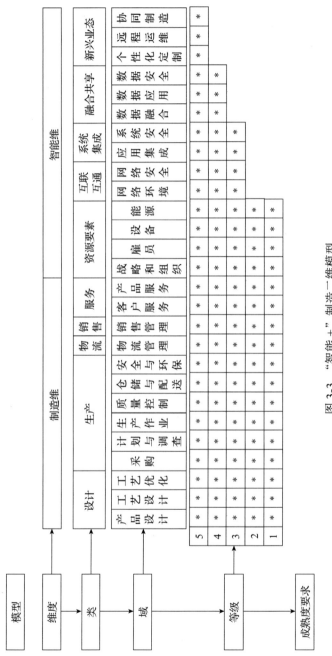

图 3-3 "智能+"制造二维模型

五类智能功能，共细分为 14 个域：战略和组织、雇员、设备、能源、网络环境、网络安全、应用集成、系统安全、数据融合、数据应用、数据安全、个性化定制、远程运维和协同制造。

企业在每个域中表现的能力高低不同，反映出其智能制造能力成熟度（智能制造能力成熟度模型白皮书，2016）不同。企业智能制造能力成熟度一般可从低到高分为 5 个等级：规划级、规范级、集成级、优化级、引领级。"智能+制造"二维模型很好地反映了纵向上贯穿于制造业生产全周期的智能赋能，横向上囊括了传统和先进制造的不同层级的智能赋能。

综上所述，"智能+"制造内涵涉及多维度，内容呈现多层次，其发展战略目标也是一个成分多元、贯穿组织多个层级的目标体系。考虑到中国 OEM 代工企业数量庞大，产能占比高，本书将"智能+制造"二维模型中的"生产作业"细分为"生产加工"和"组装"，如图 3-4 所示。"智能+"制造管理目标体系分为三个层级：总目标、智能赋能目标和制造层目标。上层目标对下层目标有指导性，下层目标是对上层目标的实施。通过智能赋能类技术与制造活动融合方式，最终构建起新型产业体系，为制造业赋能。

3.2.2 "智能+"赋能制造的愿景目标

为细化落实《中国制造 2025》规划，国家制造强国建设领导小组又接连发布了国家制造业创新中心建设、工业强基、智能制造、绿色制造、高端装备创新等五大工程实施指南，发展服务型制造和装备制造业质量品牌两个专项行动指南，新材料、信息产业、医药工业和制造业人才四个发展规划指南，形成《中国制造 2025》"1+X"规划体系，自顶层设计出"智能+"制造的发展战略目标要求。

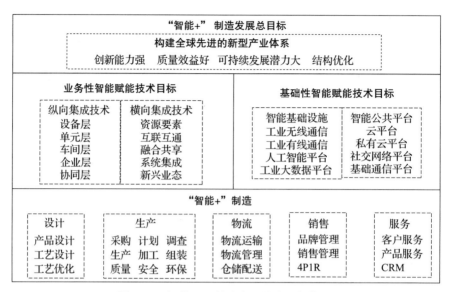

图 3-4 "智能+"制造发展战略目标体系

资料来源:作者根据《中国制造 2025》系列文件整理编制。

1. 智能制造发展总体战略目标

《中国制造 2025》提出在重点发展领域试点建设智能工厂/数字化车间,加快人机智能交互、工业机器人、智能物流管理、增材制造等技术和装备在生产过程中的应用,促进制造工艺的仿真优化、数字化控制、状态信息实时监测和自适应控制。加快产品全生命周期管理、客户关系管理、供应链管理系统的推广应用,促进设计与产供销一体、业务和财务衔接等关键环节集成,实现智能管控。实现路径是由资源驱动变为信息驱动的制造过程智能化,即"智能+"制造,如图 3-5 所示。

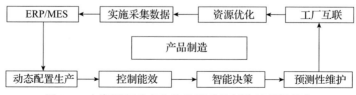

图 3-5 由资源驱动变为信息驱动的制造过程智能化

图 3-6 所示总体战略目标的技术路径是着力发展智能装备和智能产品，全面提升企业研发、生产、管理和服务的智能化水平。要求"到 2020 年，制造业重点领域智能化水平显著提升，试点示范项目运营成本降低 30%，产品生产周期缩短 30%，不良品率降低 30%。到 2025 年，制造业重点领域全面实现智能化，试点示范项目运营成本降低 50%，产品生产周期缩短 50%，不良品率降低 50%。"

发展目标		2016~2020	2021~2025	实现目标
智能+制造发展目标	总目标	智能制造发展基础和支撑能力明显增强	制造业重点领域全面实现智能化，试点示范项目运营成本降低50%，产品生产周期缩短50%，不良品率降低50%	构建新型制造体系，重点产业逐步实现智能转型，为培育经济增长新动能、打造我国制造业竞争新优势、建设制造强国奠定扎实的基础
		传统制造业重点领域基本实现数字化制造		
		有条件、有基础的重点产业智能转型取得明显进展		
		智能制造支撑体系基本建立，发达地区和重点领域实现普及应用，实现数字化、网络化制造		
		新一代智能制造在重点产业推广应用，初步实现智能转型		
	具体目标	智能制造技术与装备实现突破	实现目标 · 研制60种以上智能制造关键技术装备，国内市场满足率超过50%，核心支撑软件市场满足率超过30% · 制定（修订）智能制造标准200项以上 · 重点领域企业数字化研发设计工具普及率超过70%，关键工序数控化率超过50%，数字化车间/智能工厂普及率超过20%，运营成本降低30%，产品研发周期缩短30%和产品不良品率降低30%	
		发展基础明显增强		
		智能制造生态体系初步形成		
		重点领域发展成效显著		

图 3-6 实现"智能+"制造发展战略总体目标的技术路径

资料来源：作者根据《中国制造 2025》系列文件整理编制。

2. 实施智能制造发展战略的阶段性目标

为贯彻落实《中国制造 2025》部署的智能制造发展总目标，工业和信息化部、发展改革委、科技部、财政部四部委立足我国制造业尚处于机械化、电气化、自动化和信息化并存阶段的现实，联合印发《智能制造工程实施指南（2016—2020）》，提出以传统制造业实现数字化制造为重点任务，持续推进智能化改造。将智能制造工程分为"十三五"与"十四五"两个阶段实施："十三五"期间通过数字化制造的普及，智能化制造的试点示范，推动传统制造业重点领域基本实现数字化制造，有条件、有基础的重点产业全面启动并逐步实现智能转型；"十四五"期间加大智能制造实施力度，关键技术装备、智能制造标准/工业互联网/信息安全、核心软件支撑能力显著增强，构建新型制造体系，重点产业逐步实现智能转型。

3. 智能制造发展战略具体目标

《智能制造发展规划（2016—2020）》进一步明确2025年前，推进智能制造发展实施"两步走"战略：第一步，到2020年，智能制造发展基础和支撑能力明显增强，传统制造业重点领域基本实现数字化制造，有条件、有基础的重点产业智能转型取得明显进展；第二步，到2025年，智能制造支撑体系基本建立，重点产业初步实现智能转型。其中，2020年的具体目标如下：

- 智能制造技术与装备实现突破。研发一批智能制造关键技术装备，具备较强的竞争力，国内市场满足率超过50%。突破一批智能制造关键共性技术。核心支撑软件国内市场满足率超过30%。
- 发展基础明显增强。智能制造标准体系基本完善，制定（修订）智能制造标准200项以上，面向制造业的工业互联网及信息安全保障系统初步建立。
- 智能制造生态体系初步形成。培育40个以上主营业务收入超过10

亿元、具有较强竞争力的系统解决方案供应商,智能制造人才队伍基本建立。
- 重点领域发展成效显著。制造业重点领域企业数字化研发设计工具普及率超过70%,关键工序数控化率超过50%,数字化车间/智能工厂普及率超过20%,运营成本、产品研制周期和产品不良品率大幅度降低。

经梳理我国制造业智能化发展的相关政策可知,至2025年我国实现"智能+"制造发展战略目标的技术路径可归纳为:"设备/工具—工序—产线—车间—工厂"。"新一代人工智能引领下的智能制造研究"课题组对全国10个城市1815家企业的抽样调查结果表明,73%的企业实施智能制造意愿强烈;又由对智能制造相关项目的调查结果可知,"智能+"赋能制造的收效显著,部分具体规划指标已经或接近达成:2015~2017年,308个项目智能化改造后的生产效率平均提高34%,能源利用率平均提高17.2%,运营成本平均降低22%,产品研制周期平均缩短32.4%,产品不良品率平均降低29.4%(中国智能制造发展战略研究,2018)。实证"顶层设计"的"智能+"制造总目标和技术路线科学可行。

3.3 "智能+"赋能制造的重点

根据中国制造业现状及新一代信息技术发展趋势,本书提出以下四个方面是当下中国"智能+"赋能制造的发展重点。

3.3.1 智能制造模式的推广

智能制造是一个大系统工程,可以从产品、生产、模式、基础四个维度推进，其中，智能产品是主体，智能生产是主线，以用户为中心的产业模式变革是主题，以信息物理系统和工业互联网为基础（周济，2015）。随着以"互联网+""大数据+""人工智能+"为代表的"智能+"技术的发展，智能制造的模式正在发生着深刻的变化。一方面，它受到"互联网+"驱动下的泛在感知与连接的推动，正在迈向"无处不在的泛在感知社会化制造"，这种感知与连接得益于基于物联网的互联互通、基于泛在技术的透彻感知等技术的发展。另一发面，它还受到"大数据+"驱动下的基于大数据的价值挖掘和企业业务洞察的影响，已开始迈向"大数据知识驱动下大规模个性化定制"。另外，在"人工智能+"驱动下，以数据为基础的计算智能技术，包括人工神经网络、模糊逻辑、启发式算法、多智能体分布式人工智能等，对智能制造模式发生着深刻的影响，已经应用在噪声污染环境下的预报或模式识别、制造过程控制和故障诊断等领域（周佳军，姚锡凡等，2017）。

"智能+"技术与制造业不断深度融合，不仅打造了智能制造模式，还在不断改写着智能制造模式的内涵。近几年来智能制造模式相对早期又发生了深刻的变化。呈现的主要特点有："互联网+"驱动下的以社会化媒体/Web2.0为支撑平台的社会化企业，以物联网为支撑的制造物联，以泛在计算为基础的泛在制造，以信息物理系统连接为核心的工业4.0下的智能制造，"大数据+"驱动下的以云计算为使能技术的云制造，"人工智能+"驱动下的大规模个性化定制（Zhang, Lettice, & Zhao, 2015；Zhang, Qi, & Zhao, et al., 2015）、精准制造服务推送（Erevelles, Fukawa, & Swayne, 2016）、制造流程优化控制（Zhang, Deng, & Li, et al., 2016）、预测制造乃至主动制造等极大地推动了智能制造模式的发展（周佳军，姚锡凡等，2017）。

3.3.2 智能制造装备的自主可控

智能制造装备的水平已成为当今衡量一个国家工业化水平的重要标志。我国装备制造业布局广泛，细分行业领域众多，如海洋装备制造业、生物医药装备制造业、航天航空装备制造业、军工装备制造业等。实际上，智能制造装备的智能化、数字化设计制造等的发展，将为我国制造业的智能化、数字化和网络化的发展提供强有力的支撑。

综合来看，我国智能装备制造业、机器人产业等发展快速。首先，智能装备为全国制造企业实现智能制造转型提供了国产化解决方案，提供工作母机是国家实现工业自主可控的战略性新兴产业，必须优先发展。其次，该产业正处于国际上传统装备业转型升级的发展关键期，是各国竞争的焦点，是一个历史的发展机遇。同时，工业4.0时代智能装备产业是一个市场巨大的产业，中国在迈向制造强国的发展过程中，高端智能装备必须打破传统西方强国的垄断地位，在国际上占有一席之地，才能在制造业高端产品中分得一杯羹，实现可持续发展。

3.3.3 工业软件"上云"

随着云计算的深入应用，云存储、云同步、云备份逐渐普及，软件行业"云化"之势悄然开启。工业软件云化，即软件服务商将软件和信息资源部署在云端，使用者根据需要自主选择软件服务。近几年，移动互联网、社交网络、云计算等新技术深刻影响着工业软件领域，传统工业软件企业纷纷启动"云化"转型。

物联网平台的领导者美国参数技术公司（PTC）将ThingWorx与阿里云结合，为中小企业提供一套门槛比较低，能实现从产品研发和数据管理到工艺制造、生产、排产等核心功能俱全的系统，甚至能够打通供应、销售链条，管理库存直至最终用户，完成全产品生命周期的运作管理。通用电气公司与中国电信集团签署的战略合作协议，核心就是将通用电气的 Predix 工业互联网平台，通过中国电信的通信网络和云平台在我国落地运营，为企业提供多种云服务，例如设备运行数据的可视化、分析、预测与优化等。CAXA 工业云将软件和信息资源部署在云端，方便使用者根据需要自主选择软件服务。2017 年 9 月，"华为全联接大会"上，华为与达索系统签署了合作谅解备忘录，推动达索系统 3DEXPERIENCE 平台上线华为云，给不同行业的客户提供完整的企业设计、认证和制造的一体化解决方案，满足不同行业领域客户的需求。浪潮在 Inspur World 2018 大会上提出从领先的云计算、大数据服务商开始，通过云、数据赋能构建平台型生态企业，构建云中心、云服务、云 ERP 等六大生态平台，与伙伴共建数字生态，向"云+数"新型互联网企业转型。2018 年，赛往云布局工业云领域，全力打造"工业云+大数据"的创新模式，自主研发 SaaS 服务平台，进军智能制造。

未来几年，将有更多工业软件企业加速"云端"部署，工业软件将从套装模式向云化模式转变，工业软件云服务将凭借成本和资源优势成为中小工业企业使用软件的主流模式。目前，大企业也纷纷上云，包括公有云、私有云和混合云等。云制造是工业互联网时代未来发展的主流模式之一，企业上云、推行云服务是实施新型智能制造模式的基础，也是制造业转型升级的一个重要方面。

3.3.4 数字经济和智能经济转型

当前，工业大数据已经成为数字经济和智能经济背景下的重要产业，应用正由企业单一营销环节向全生命周期、全产业链蔓延扩散，成为驱动制造业创新发展的关键要素。2015 年，国务院公布了《国务院关于印发促进大数据发展行动纲要的通知》（国发〔2015〕50号）；2016年，工信部发布了《大数据产业发展规划（2016—2020）》（工信部规〔2016〕412号），务实推动大数据产业创新发展。在以大数据和工业互联网技术为基础的数字化时代，制造业的智能互联网化正成为一种大趋势。数字化革命对新一代信息技术与制造业的深度融合产生极大而又深入的推动作用，并且对我国制造业在生产方式、商业模式、价值链和管理方式等方面产生巨大而深刻的影响，最终促进我国制造业转型升级。具体表现如下：

- 在生产方式方面，互联网推动制造业大规模个性化定制，促使制造业数字化、网络化和智能化发展。
- 在商业模式方面，互联网平台创新传统原材料采购方式，形成线上线下市场营销新模式，促进制造业服务化更普遍。
- 在价值链方面，互联网优化制造业价值链结构，提升运行效率以及促进各环节融合发展。
- 在管理方式方面，互联网更新传统制造企业管理理念，完善制造企业信息化管理系统，形成制造企业扁平化管理组织。

中国正在以工业物联网为抓手推进制造业转型升级，以智能机器人为核心推进智能制造的发展，以开放创新促进产业转型升级。在当前制造业信息化需求分析的基础上提出了融合云制造、制造物联、语义网络化制造和企业2.0的思想与理念，集互联网、物联网、知识网和人际网于一体提出人—机—物协同的制造新模式——智慧制造。由此，"智能+"制造无疑成为制造业发展最主流的力量，而制造业作为经济发展的支柱产业，"智能+"赋能制造业并引领制造业转型升级的重要性已不言自明。数字经济和智能经济发展重点主要包括以下四个方面。

1. 用数字智能化手段武装企业，拥抱工业 4.0 时代，提升企业国际竞争力

从制造企业内部着手，大幅度引进自动化和智能化装备，逐步朝着智能工厂、智能生产方向发展，转变管理理念和思维，在新的互联网思维下重构企业管理方法和体系。在经营理念方面一改传统单一业态、重资产的经营方式，利用"金融＋"，采用与互联网公司及产业链上下游企业、关联企业联营等方式，通过"智能＋"构筑新的产业生态，找准定位，聚焦和打造自身的核心竞争力，融入工业 4.0 智能时代，锻造企业的国际竞争力。

2. 全产业链深度融合，用智能化提升产业附加值

随着互联网和人工智能技术与制造业融合的深化，互联网和人工智能技术不仅仅是与某个工业门类融合，而是与所有工业门类融合；同时，也不仅仅是只与工业企业某个环节的融合，而是与采购、设计、生产、销售、售后等全价值链条的融合，包括直接与所生产和经营的产品融合。总体上提升产品附加值、市场竞争能力，培育新的经济增长点。

3. 促进制造业服务化转型，实现价值链攀升

制造业利用互联网、大数据和人工智能平台提高客户感知度，挖掘客户个性化的需求，提高消费黏性。进一步将互联网平台获取的消费者信息用于大数据智能化决策，以实现精准营销和个性化服务。同时，应用物联网、互联网、大数据和人工智能等技术实现在线、实时、远程和智能服务，创新服务模式，推动制造业企业向服务化转型，实现微笑曲线的价值链攀升。

4. 利用互联网和人工智能技术创新制造业的商业模式

在销售模式方面，整合线上线下销售渠道，既贴近消费者又注重客户体验，挖掘客户需求；在生产模式方面，利用互联网技术，提供智能化、信息化产品；在经营管理模式方面，利用互联网技术提高管理效率，使组织结构扁平化，以灵活应对市场变化。同时，构筑生态系统的平台化运营，改变制造业竞争策略，逐步转型为平台化企业。

第 4 章

"智能+"赋能制造的发展方向

本章从"互联网+""大数据+""人工智能+"三个层面探讨"智能+"赋能制造企业的发展方向。

4.1 "互联网+"赋能制造的发展方向

"互联网+"赋能制造可以统称为"网络化制造",这个概念外延很广,已经远不是 20 世纪时的范畴。互联网对制造业的变革从最初的辅助到现在的融合和驱动,正在朝着工业领域的方方面面展开,包括消费环节的融合以及与工业产品的运营服务相融合,形成庞大的工业互联网(胡开炽,2011)。现在工业界和互联网双向融合的趋势越来越明显,融合使得工业的生态环境、业态环境发生了深刻的变化。互联网企业正在大举进军工业领域,制造企业正在拥抱互联网,在过剩经济、分享经济、共享经济的冲击下,当今新的制造业态正在井喷式地出现。

4.1.1 "互联网+"赋能制造应用场景

网络化制造是利用计算机网络组成的开放式的、平台型的、相互协作并能及时灵活地响应客户需求变化的制造模式，是一种面向群体协同工作并支持开放集成性的系统平台。其本质目的是将现有的各种在地理位置上或逻辑上分布的异构制造信息系统/企业连接到计算机网络中去，以提高各个制造系统/企业间的信息交流与合作能力，进而实现制造资源的共享。为寻求市场机遇，及时、快速地响应和适应市场需求变化，赢得竞争优势；为求得生存与发展采用的先进模式，从而也为真正实现制造企业研究与开发、生产、营销、组织管理及服务的全球化开辟了道路（程涛，1999）。"互联网+"赋能制造应用场景主要包括以下几个方面。

（1）企业实现制造资源优化配置与合理利用。网络化制造模式致力于将分散的制造资源有效集成，形成核心优势，降低成本，提高企业的效率和效益。在经济贸易全球化背景下，制造业"使用外部资源而不是拥有它们"的制造模式将成为重要的发展方向。制造要素和资源禀赋在全球范围内的自由流动、优化整合成为未来发展趋势，是目前制造业转型升级的重要举措。例如在中国专业化产业集群发达的区域，像沿海地区许多服装、电子产品、模具等专业城镇，已经在专业分工的基础上开展了较为充分的网络化协作，把部分制造环节转移到内陆和越南等欠发达地区。

（2）企业跨越时空进行有效管控。互联网突破了地理和时空的限制，信息的全球共享性和网络化处理，特别是信息交换的即时性、异地远景展现的实时性等，使跨国公司的地位和作用更加强化，驱动了跨国公司、集团公司和多工厂的组织管理、分工、布局等运营模式的创新与发展方式的转变。同时，也为后来者开辟了新大陆，降低了后来者进入竞争市场的成本，促进了封闭地区的开放，加速了落后地区与发达地区接轨的步伐。例如波音公司、空客公司在全球实行分散网络化制造、无图纸化协作模式等。

（3）衍生了制造业新的业态和经济增长点。网络化制造除了做制造外，还可以衍生很多新的业态，成为制造业新的产业和经济增长点。比如网络化制造形成的制造大数据可以衍生出制造数字经济产业，促进基于网络的制造业信息化技术咨询服务和中介机构的发展，促进服务型制造模式的推广，以及之前提过的云制造模式的发展。网络化制造模式会驱动跨界融合发展，直接提高电子商务等平台企业从事制造业的热情，比如谷歌等互联网公司从事制造业的行为，推动了小米、苹果为典型代表的制造、金融、娱乐、软件等复合业态企业的发展。区块链、供应链金融业的发展也是主要以网络化制造为线索，并以网络化制造形成的供应链企业为主要对象。

"互联网+"赋能制造会引起企业革命性的变化，主要包括：

从产品形态看，产品不是简单的产品，更像一个产品与服务的综合体。在互联网的推动下，制造企业的价值链将进一步向服务端延伸，提供优质丰富的服务及解决方案将是制造业的重要收益来源，产品将逐步转化为制造商提供服务的载体。在新一代信息技术和互联网的支持下，制造企业也开始朝着产品全生命周期的运营和服务方向发展，不仅生产产品，也要做产品的运营和服务，更要对产品的全生命周期提供运营和维护上的保障。2012年，乐视网宣布推出超级电视，构建了"平台+内容+终端+应用"的全产业链业务体系，而其推出的乐视盒子，更是打出了"硬件免费+服务收费"的产品策略，代表了一个新模式。虽然乐视网出现了很严重的经济问题没有走下去，但互联网思维理念对传统电视行业还是造成了不小的冲击。

从研发制造看，个性化定制、社交化生产成为新趋势。传统制造业中，用户通常是产品的被动接受者，只能根据企业既定的产品选择自己的需求。而在互联网思维下，用户将拥有对产品形态、功能等方面更多的话语权，个性化将成为很多产品的基本属性，这也为解决企业同质化竞争困境提供了新的思路，可由此建立以顾客为中心、以用户为中心的未来制造的先进理念。只有在工业和互联网密切的融合下，先进的生产模式才得以实现。小米手机通过广泛收集并采纳论坛上粉丝的意见，贯彻"用户需要什么，我们把它做出来"的理念，造就了从 2.5 亿美元到近百亿美元的行业传奇。2012 年，海尔在"双十一"推出了颜色自主选择的电视机，当日即获得上万订单。

从组织形式看，消费者、品牌商、渠道商等共同组成并行制造体系。传统的工业化思维以层级结构管理企业的内部运行，以串联结构与上下游企业共同形成产业链条，强调管理组织等级分明，强调企业业务"大而全"，难以适应市场对产品多样化的需求。而互联网思维强调开放、协作与分享，要求减少企业管理的内部层级结构，在产业分工中注重专业化与精细化，企业的生产组织更富有柔性和创造性。近年来，海尔通过不断合并业务单元、削减边缘业务等方法实现企业运作的扁平化，已经取得了不错成效。

从经营管理看，企业需重点经营用户而非经营产品。在传统制造业思维模式下，顾客仅是产品的购买者与使用者，企业与客户之间仅存在简单的买卖关系。而在互联网思维下，客户将成为产品推广的重要力量，可以参与到产品的设计、消费和宣传等多个环节，他们将成为产品制造的合作伙伴。论坛、微博、微信等渠道从社交平台转为产品展示平台和用户集中平台，成为企业经营的重点。目前，小米手机的"米粉"，华为手机的"花粉"等圈子经济、粉丝经济的兴起，正是各企业对互联网思维的理解和实践能力的体现。

4.1.2 "互联网+"赋能制造发展的方向

随着互联网的日益普及，计算和存储能力的迅猛发展，物联网和传感器技术的广泛应用，以及工业软件的不断进化，数据的采集、存储、传输、展现、分析与优化都具备了良好的技术基础。在这种背景下，"互联网+"制造转型的浪潮势不可挡，主要转型方向如下。

1. 商业模式转型

例如，按服务绩效付费（Pay by Use）是一种基于数字技术应用的全新商业模式。企业不再是销售产品，而是销售产品使用的服务。要实现按服务绩效付费，企业首先应当实现产品的数字化，产品本身应当成为一个 CPS 系统（具有通信、计算和控制能力）。在此基础上，建立监控产品运行的云平台，能够对产品的运行状态进行监控，进而实现预测性维护。英国罗尔斯·罗伊斯公司是该领域的先驱者，已实现航空发动机的按服务绩效付费；德国凯撒空压机公司也借助 SAP 软件系统，实现了从销售空压机向提供空气压缩服务的转型。此外，企业推进在线的产品个性化定制，以及开展线上线下相结合的体验式营销，也属于商业模式转型，如小米手机、开源硬件、众包等。人们日常基于互联网的交流、评论等社交行为，逐步渗透到制造业的生产模式中，对产品的外观、性能进行个性化创造，对产品的流通渠道进行扩展。比如，论坛上 40 万粉丝以及来自 11 个国家的粉丝站为小米手机提供升级建议，而开源硬件让用户成为产品的设计参与者。在这方面，酷特智能和尚品宅配都是转型成功的典型案例。

2. 服务模式转型

企业通过开发产品服务的 App，让客户实现自助式服务，可以提升服务效率。例如，美的提供了智慧家居全屋智能解决方案，可以监控各种智慧家居产品。此外，一些全球领先的装备制造企业已经实现了对其产品的远程状态监控和预测性维修维护。例如，FANUC 推出了零宕机服务，对正在服役的工业机器人提供远程运维服务。如果传感器指示关键零部件有故障隐患，则可以提前预警，并利用客户及企业工休时间进行维修，确保客户能够正常使用。在互联网思维下，汽车、手表、眼镜等传统产品通过互联网及相关软件系统变为像手机一样的移动智能终端，提供娱乐、查询、维修等智能化服务。例如，宝马汽车已经实现了与 iPhone 的无缝对接，Google Glass 已经参与了两会报道。

3. 研发模式转型

在新产品研发过程中，数字技术的应用非常广泛。例如，通过仿真驱动设计，减少实物试验；通过产品全生命周期的研发数据和流程管理，提高零部件的重用率，提升研发效率，降低研发成本，实现异地协同研发；甚至可以通过互联网收集客户对产品的需求，在研发过程中实现众包设计。此外，创成设计技术（Generative Design）可以根据设计约束条件，由软件系统自动生成符合条件的设计方案，这是设计方法的革命。"互联网+"可以驱动制造业创新资源要素的自由、快速流动，实施新的创新合作模式、利益分配机制。

4. 运营模式转型

企业运营过程中的很多数字化转型的场景，可以帮助企业实现精细化管理和精益生产。例如，借助互联网赋能推进业务流程化管理，贯穿多个职能部门；广泛推进移动应用，将各层次管理者所需要的数据和故障预警信息推送到移动终端，实现业务运作过程的可视化。把传统的基于流程、基于职能部门、基于制度文件的管理变成基于计算机网络、智能终端和软件系统的自动化、智能化管理，可以显著提高管理质量和效率。通过网络大数据收集用户的年龄、职业、消费偏好等个人信息，或产品性能、维修故障等产品信息，深入挖掘提取内在规则，改变产品功能参数，并为用户提供个性化产品和服务。O2O则利用线上查询，为线下消费提供信息，进而引导用户对产品进行选择（邵立国，2015）。目前的平台为王，以产业生态为平台经营模式会逐步成为制造业的新趋势，制造业会逐步转变成互联网公司，或与互联网公司深度融合。

5. 制造模式转型

基于"互联网+"的制造模式转型已经十分普遍。在机械加工过程中，MAZAK、牧野机床、通快、FANUC等很多优秀企业已经广泛应用了柔性制造系统（FMS），可实现全自动化地加工不同的机械零件。在FMS系统中，看得到的是高度自动化，而实际上更重要的是整个FMS系统的计划安排、物流调度、刀具管理、加工程序配置等方面，全面实现了数字化管控。在钣金加工过程中，通快集团已帮助很多企业部署了全自动上下料，然后进行板材的剪切、冲孔、折弯、焊接的全自动柔性加工，这同样需要依赖数字化系统与自动化系统的无缝集成；在电子制造的SMT生产线上，广泛应用了机器视觉系统，自动进行质量检测。此外，增材制造技术的原理是将零件三维模型进行分层，针对每一层的截面形状的实体部分增加材料，因此，数字网络化技术是实现增材制造的基础。

6. 决策模式转型

通过推进数字化转型，企业会拥有海量的数据，包括产品数据、设备运行数据、质量数据、生产数据、能耗数据、经营数据、客户数据和外部市场数据等。企业对这些海量的异构数据进行多维度的分析，提高数据分析的实时性和可视化，实现数据治理，基于数据驱动进行决策，并利用人工智能和大数据分析技术分析数据背后蕴含的关键信息，促使决策科学化、智能化程度大幅度提高。同时，网络化的应用可以实现管理的扁平化、决策的扁平化，还可实现制造业的"让听到炮声的士兵指挥战斗"的先进决策模式。通过计算机网络、无线移动网络等渠道可以打破时空限制，实现决策流程的在线、离线相结合的O2O模式，丰富决策方法。

4.2 "大数据+"赋能制造方向

关于这个主题目前还没有成熟的论断，本节从"大数据+"可能在制造业的应用和助力制造业转型升级两个方面的企业微观层面对其赋能思路进行描述。

4.2.1 "大数据+"赋能制造的应用场景

制造业正处于一个数据爆炸的时代。近年来，随着互联网、物联网、云计算等信息技术与通信技术的迅猛发展，数据量的暴涨成了许多行业共同面对的严峻挑战和宝贵机遇。随着制造技术的进步和现代化管理理念的普及，制造企业的运营越来越依赖信息技术。如今，制造业整个价值链、制造业产品的全生命周期都涉及诸多的数据。同时，制造企业的数据也呈现出爆炸性增长趋势，大数据的价值正在不同制造业运营环节发挥着显著的作用。先进制造业、工业4.0、智能制造都是工业转型升级模式的未来方向。工业3.0是以装备和生产线为核心的自动化，而4.0的智能化是把这两者的过程自动化和数据自动化结合在一起。"大数据+"赋能制造也是加快制造业转型升级、提升产业竞争力的一个重要方向。

从微观企业层面看，工业大数据为企业的全过程（设计、创新、生产、经营、管理、决策）服务，有助于决策的科学化、管理的精细化，实现数据驱动的科学管理模式。从中观产业链层面看，可以通过大数据分析洞察到生产要素流动中的内在逻辑关系，掌握产业发展脉络和规律，使工业大数据服务于供应链的优化、产业链的完善、生态链的形成和优化。从宏观产业转型升级层面看，工业大数据可以为政府管理部门服务，通过制定科学合理的宏观产业政策，精准地为一个个企业、行业、装备、工艺、生产线、供应链的转型升级服务，也可以为中介服务机构、社会团体对产业提供精准对接服务提供数据支撑。"大数据+"可以为工业相关的社会各部门提供有价值的数据支持，还可以广泛地创造社会价值，形成数字经济。下面通过几个例子阐述"大数据+"制造的应用场景，即赋能之路。

1. 设计研发环节

生产产品的数据在不断增大，数据在产品的策划、设计、详细设计、制造、销售和售后等各个环节都有应用。高性能的计算环境、海量的数据、计算能力的提升等能给工程师提供很多有价值的信息，使得他们在制造过程中计算准确、发挥自由。西门子的首席执行官曾经讲过，数据的增大给产品带来了多样化，不同版本产生的信息数据量也都达到 TB 级。他表示现在的任务就是整合信息资源，把它们很好地利用起来。以汽车为例，当今汽车制造对数据进行很好的处理、分析和集成，在产品研发方面能够利用海量数据进行整理和建模。汽车厂商通过数字孪生技术，以集成视图的方式展现给设计工程师们，使大数据很好地服务于工程和设计人员，产生较大的工业价值，提升产品研发设计的精准性、针对性，显著降低产品研发风险。

2. 营销环节

百分点公司从数据入手，依托百分点 BD-OS 大数据操作系统，将企业自有数据源、合作方数据源、三方数据源（外部补充数据＋互联网公开数据源）进行整合，实现内部数据与外部数据的融合，大数据与小数据的融合。在数据融合的基础上，百分点公司通过标签管理系统将企业多渠道数据自动化生成用户标签、用户画像，并对标签进行全生命周期管理，方便了公司业务人员的使用。与此同时，在智能运营与智能营销大数据整体解决方案中，基于对数据标准化的处理和百分点强大的数据分析、数据建模的能力，分别提供了针对营销运营支撑的数据洞察服务、针对市场反应的洞察监测的舆情分析服务、针对终端用户进行深入分析的用户洞察服务、针对营销策略和营销效果支撑的数字营销服务以及针对精准营销支撑的个性化服务五大核心应用。

3. 供应链环节

企业在计划、采购、生产、仓储、物流等日常运作和人力、设备、物料、库存、质量和绩效管理中往往应用到各种 IT 系统模块，并且随着信息化、自动化水平的持续提升，尤其是物联网的日益广泛应用，运作流程中积累的各种数据呈几何级数递增。而这些数据的来源、种类、格式等也是多种多样，再加上内外部系统的兼容对接和数据交互问题及大量的线下手工报表作业问题等，使得繁杂数据的价值长期以来未能充分挖掘出来。而通过对制造及供应链业务流程和数据关系的深入洞察，将分布式技术、微服务技术、机器学习、深度学习等前沿技术运用到底层大数据平台，可打造出一系列模块化的大数据解决方案，全面响应制造工厂及企业供应链管理的敏捷化、柔性化、可视化、纵向横向协同化、内外资源整合化和组织扁平化需求。

4. 生产加工环节

运营数据涉及企业结构、机械设备、管理结构、人力薪酬、财务账目、库存库房、电子商务、办公文档、多媒体等方方面面。制造企业十分重视运营，因为运营是维持企业发展的重中之重。生产加工数据与企业产品的整个价值链的大数据相关，既包括客户、客户合同、客户回款、供应商、联系人、合作伙伴等客户服务中记录的诸多数据，也包括经济、政策、行业、竞争对手等企业外部数据的应用。这些数据的应用可以为企业创造很多价值，比如生产过程中的数据可视化，帮助制造企业实现多工厂可视化与智能化运营指挥平台，同时实现智能排产、安全生产以及智能资源调度，对提升产品质量、降低生产成本起到关键作用。数据还可以帮助企业实时采集分析物联网设备运行数据，实现设备的健康管理与预测性维护，实现设备的精细化能耗管控及效率管控。

大数据在制造业的绝大部分环节都可应用，大数据能够提升生产效率，改进产品质量，节约能源和资源的消耗，开拓创新的空间。大数据赋能制造业的成效主要体现在以下几个方面。

（1）做出更好的预测、精准生产，有效改善无效供给问题。大数据有助于制造商更好地掌握供需关系的变化，通过供应链的需求预测并确定生产量，控制生产进度，确定仓库中存货和出货数量，在最有价值的生产条件下进行生产。制造商可以根据各种情况预先判断需要生产多少产品，淡季的时候减少生产量，控制好仓库中的库存或出货量。

在制造领域，如何利用大数据思维，从智能车间生产过程产生的海量数据中挖掘有价值的信息，预测未来的产品发展趋势，指导车间对当前生产状态的运行进行优化，近年来这方面的应用引起了工业界极大的关注。通用电气 2011 年推出第一个商用大数据分析平台，可通过实时的数据管理即时分析生产过程的海量原始数据，让传统被动的制造业运营模式转向主动预测模式。美国 PTC 公司开发了完善的车间物联网数据采集平台 ThingWorx。通过生产过程中数据的不断积累，基于大数据机器学习分析平台 ColdLight，可陆续实现关键工艺的优化，能源能耗的降低，设备的预测性维修，并降低主线设备的非计划停机时间。英特尔使用大数据预测分析技术，减少了对质量的测试次数。与没有大数据应用的生产线相比，英特尔在一条生产线上每年就可以节省 300 万美元的成本。

（2）产品质量更高，成品率也更高。高成功率的制造是制造商的核心竞争力，在大数据出现之前，最好的方法是投资更好的设备，或对员工进行更好的培训，但都无法显著减少成品率低带来的额外损失。当今，制造商可以利用大数据，通过计算机程序来优化流程，并更加精准地分析错误，从而防止这些错误产生。长安汽车将大数据分析技术应用于冲压生产过程中，依据冲压设备的加工参数、板材参数、模具性能参数及维修记录等，通过数据挖掘、机器学习算法，建立冲压工艺侧围开裂智能预测模型，准确地预测冲压侧围件的开裂风险（《大数据标准化白皮书》，2018）。在此基础上，长安汽车确定了冲压制造过程影响因素间的相关性，制定了生产过程参数组合控制策略，为冲压制造过程工艺优化和质量管控提供了支持。

（3）大规模批量生产将成为部分产品的专利，个性化定制生产将成为潮流。除基础、通用零部件外，在过剩经济背景下，面向终端消费者的产品随着基于大数据的精准分析和营销，按需生产将成为主流，小规模、小批量、定制化将被普遍采用。随着工业文明的进步，人们对个性化工业产品的需求剧增，个人的价值主张会在产品中得到充分体现，制造业会在工业互联网和大数据的辅助下支撑消费者个性化定制模式，从个性化服务中提升产品的服务水平，增加产品的附加值。比如欧洲的汽车生产，普遍采用个性化定制模式，显著提升了消费者的满意度，汽车厂商的效益和市场竞争力也同时得到大幅度提升。

（4）客户的全程参与将成为现实，客户成为产品的主导者，而不是被动接受者。将上述个性化定制做进一步预测，传统的客户选购商品、向商家提供个性化定制需求的商业模式将被大数据颠覆。大数据的应用使世界多了一个数据空间，在数据空间中社会各组织可以动态关联、实时交互，客户可以从创意、设计、制造、交付等全过程与制造企业进行交流，把自己的意愿融入产品中，对产品全过程进行动态跟踪，满足自身的高品质生活要求、个性化需求。客户将成为产品的创新设计者、主导者，为企业无偿使用，客户与商家的关系将在价值空间中被重新定义。

（5）全程可控、优化生产和服务。大数据会使制造商的流程更加透明和可追溯。制造商的原材料在生产过程中以及生产阶段有多少损失？给定批次产量是多少？目前存储在哪里？运送需要多长时间？一旦需要运送，产品在哪里？大数据可帮助制造商跟踪生产和交付的所有阶段，并提供对效率较低领域的洞察和分析报告。大数据让制造商的流程透明、可追溯。制造商也可以使用大数据跟踪供应商的优劣。例如，如果供应商提供劣质产品的比例较高，通过大数据分析证明无误，就可以明确地选择新的供应商，优化企业的成本效益。目前，很多食品、制药企业已经开始采取这种办法，如果相关行业都这样做，早期三聚氰胺引发的不良奶粉造成大头婴儿的恶性事件就不会发生了。

4.2.2 "大数据+"赋能制造转型方向

人类正从 IT 时代走向 DT 时代，信息社会已经进入了大数据时代。大数据的涌现改变着人们的生活与工作方式，也改变着制造企业的运作模式。本书根据上述分析提出以下几个方面的应用，尝试着反映大数据赋能制造的方向。

1. 创新研发设计模式，实现个性化定制

传统制造企业在生产经营过程中，由于缺少来自市场的准确数据，其经营计划、生产组织、产品研发及销售活动往往存在很大的不确定性，难以对市场需求、产品销售状况做出准确分析与预测，很容易导致产品设计、生产、销售等各环节发生不匹配、不合理的现象，从而造成产能过剩，特别是在当前产业竞争激烈、市场需求多样化的情况下，这种问题暴露得更加突出。大数据技术能够有效地解决制造企业供需匹配矛盾。一方面，通过大数据对企业收集的用户个性化产品需求、产品交互及交易数据进行挖掘分析，能够准确掌握用户的使用习惯和个人偏好，为其量身定做产品。另一方面，在产品研发设计过程中应用大数据，借助众创、众包等方式，将消费者带入产品研发设计环节，推动产品设计方案的持续改进，实现资源集成共享和产品协同创新。其次，利用大数据虚拟仿真技术，可以对原有研发设计环节过程进行模拟分析、评估验证和优化改进，从而减少产品技术改良工作，优化生产工艺流程，缩短产品研发周期，降低成本和能耗，极大地提升制造业的生产效率。

消费者与制造企业之间的交互和交易行为将产生大量数据，挖掘和分析这些动态数据，可帮助消费者参与到产品的需求分析和产品设计等创新活动中，为产品创新做出贡献。同时，制造企业对这些数据进行处理，进而传递给智能设备，进行数据挖掘、设备调整、原材料准备等步骤，才能生产出符合用户个性化需求的定制产品，有效地解决个性化定制生产中规模效益、柔性生产线重组、快速响应等瓶颈问题。

2. 建立先进生产体系，实现智能化生产

智能化生产是以大数据为中心，以自动化为基础。制造企业通过对设备、生产线、车间和工厂的全面数字化改造，将生产制造各个环节的数据进行集聚整合，利用大数据技术实时监控生产制造的全过程，促进信息共享、系统集成和业务协同，推动生产流程自动化、精准化、个性化和柔性化，形成智能车间、智能工厂、数字化车间等现代化先进生产体系。实现智能化生产，使传统制造业的产销融合更加协同、供需对接更加精准、资源配置更加高效，可以提高制造业的质量和效益。大数据是制造业智能化的基础，其在制造业中的应用非常广泛，包括数据采集、数据管理、订单管理、智能化制造等。数据达到一定的数量级，就可以实现大数据应用。通过对大数据的挖掘，实现需求预测、精准匹配、运营管理、社交应用、营销推送等更多的应用。同时，大数据能够帮助制造企业提升营销的针对性，降低物流和库存的成本，减少生产资源投入的风险等，在智能化生产中起到关键和核心作用。

3. 优化产业链分工，实现网络化协同

大数据的广泛应用突破了地域、组织、技术上的限制，可以把众多中小企业及产学研各个环节的资源有效地整合起来，让生产要素在不同产业、行业和企业内部实现有效配置，从而形成更加高效的产业链，有效促进产品更新、质量提升和价值创造。同时，它能够在生产者与消费者之间建立信息服务桥梁，及时、主动、准确地响应客户需要，满足其多元化

需求，打破传统品牌商对市场的垄断地位。从某种意义上来讲，这种基于大数据的制造业生产模式将形成一个全新的产业链，推动生产模式与商业模式创新，从而带动和引导大批中小企业走出传统生产模式，并通过多年的数据积累建立起他人难以模仿的行业竞争力，助推传统制造业转型升级。利用大数据工具对供应链进行分析以选择供应商、优化物流配送方案和进行价格谈判等，从而可以对商品进行销售预测，分析顾客的购买偏好，确定商品的价格。中国商飞集团通过商务智能解决方案和业务经营管控平台的实施，成功构建了实时、透明、智能的业务经营管理平台，实现了质量全程可追溯，实时运营管控，实现了高效业务协同，增强了全供应链数据共享与智能分析的能力，为管理决策提供了强有力支持。

4. 优化经营管理体系，实现精细化管理

在激烈的市场竞争环境下，尽管很多企业采取科学管理、全面质量管理等方式不断完善经营管理体系，使企业的生产经营效率得到了最大程度的提高，但从整个产业链角度看，这些传统方式很难实现制造业的高质量发展。而大数据可以使企业更容易了解、判断与分析产业链的现状，能够帮助企业找到生产要素的最佳投入比例，便于根据市场需求合理组织资源、制订生产计划、按照各自的核心能力参与产业分工，从而使制造企业的组织管理更加精准高效、科学合理，减少了产业链中各环节由于人为管理失误而造成的损失和浪费，提高了计划、决策的精准性。同时避免了企业产业链上由于信息不对称导致的"牛鞭效应"，实现产品从研发设计、生产运营到营销服务全过程的无缝衔接和业务协同，为制造企业提高效率、降低成本创造了空间，为传统的精益生产、精细化管理插上翅膀，使之更好地发挥效能。

4.3 "人工智能+"赋能制造业方向

早期,由于计算能力有限、数据缺乏导致了人工智能在制造业的应用不够全面和深入。以往,除了工业机器人、机械手等生产线上的应用比较成熟和普及外,主要是些单点应用,如客户关系管理中的客户群智能分析、销售行为分析、故障检测与在线监控等。商业化普及应用软件"商务智能"(Business Intelligent,BI)主要是基于数理统计的报表和简单的分析功能。真正"人工智能+"制造时代的来临是2013年德国工业4.0提出后的第四代工业革命时期。当今,在互联网、大数据等技术应用及算法发展成熟的基础上,形成了基于互联网、大数据和人工智能的结合,对制造业的发展产生了显著的影响。例如电子商务,借助于人工智能技术的数字助理实现了营销人员与客户的在线交互,而无须实际在场。在汽车工业中,特斯拉(Tesla)使用人工智能和大数据技术实现了自动无人驾驶功能。

近年来,人工智能技术和应用发展呈现出新的趋势。人工智能实现了从实验技术向产业化的转变,"深度学习+大数据"成为人工智能发展的主要技术路线,同时人工智能应用从服务业向制造业、农业拓展。这些都使人工智能表现出愈加明显的通用技术和基础技术特征,对制造业的影响日渐凸显。另外,人工智能对制造业的不同行业也会产生不同影响,不同的行业应用会有不同的侧重点。

- 对家电、消费电子等劳动密集型行业来说,人工智能的作用主要体现在减少用工数量、提高产品质量和运作效率。
- 对生物医药、航空航天等技术创新驱动发展的行业来说,人工智能在数据挖掘、分析等方面的高效率将改变传统的技术研发模式。
- 对冶金、化工等流程型行业来说,人工智能可帮助实现低成本的定制化生产。
- 对服装、食品等行业来说，人工智能则可帮助企业准确预测市场趋势，形成快速响应能力。

4.3.1 "人工智能+"赋能制造应用场景

从智能制造企业层面分析，根据周济院士在 2018 年第二十届中国科协年会开幕式上的报告，结合作者的理解，"人工智能+"赋能制造应用场景主要包括如下方面。

1. 智能产品和装备

新一代人工智能技术的融入使得产品和装备发生了革命性变化。从智能手机和智能汽车的飞速发展可以想象出智能产品与智能装备未来的前景。现在使用的智能手机其计算能力远远超过当年的超级计算机 Cray-2，iPhone X 和华为 Mate10 已经搭载了人工智能芯片，开始具有了学习功能。不久的将来，新一代人工智能将全面应用到手机上，特别是即将到来的 5G 时代，人们对智能手机将要发生的变化充满了热切的期待。近期，智能汽车的快速发展也远远超出了人们的预想。汽车经历了从燃油汽车向数字化电动汽车、网络化网联汽车发展的历程，现在正朝着无人驾驶汽车，向智能化汽车的方向急速前进（周济，2018）。

新一代智能制造技术将为产品和装备的创新插上腾飞的翅膀，开辟更为广阔的天地。可以想象到 2035 年，各种产品和装备都将从数字一代发展成智能一代，升级成为智能产品和智能装备。一方面会涌现出一大批先进的智能产品，如智能终端、智能家居、智能服务机器人、智能玩具等，为人民更加美好的生活服务。另一方面将着重推进重点领域和重大装备的智能升级，除了智能机器人、智能机床外，各种信息制造装备、航天航空装备、船舶海洋装备、汽车、火车、能源装备、医疗装备、农业装备等都会发展成智能制造装备。智能制造是靠智能装备武装起来的，智能装备产业一定是各国竞争的焦点，也是制造产业发展新的增长点（周济，2018）。

2. 智能工厂

智能工厂的主要应用场景是智能生产线、智能车间和智能供应链。新一代人工智能技术与先进制造技术的融合将使生产线、车间、工厂发生革命性变革，企业将会朝着自学习、自适应、自控制的新一代智能工厂进军。比如石化行业的智能工厂建立了数字化、网络化和智能化的生产管理新模式，可极大优化生产及安全环保水平。"机器换人"、企业生产能力的技术改造、智能升级等不仅能解决生产一线劳动力短缺和人力成本高企的问题，更能从根本上提高制造业的质量、效率和企业竞争力。在今后相当长的一段时间内，企业的生产能力升级、生产线、车间、工厂的智能升级将成为推进"智能+"制造的一个主要战场，也会带来软件产业、系统集成服务业等生产性服务业的变革和快速发展。

3. 智能服务

大数据采集、分析和应用不断推广，单一传统的成本、价格、利润价值链将会被互联网思维颠覆，代之以基于人工智能的精准营销、智能机器人服务、第三方大数据智能分析服务等新业态和新模式。通用电气创立了运用智能制造技术向服务型制造转型的典范，它将大量传感器安装在航空发动机叶片上，运用大数据智能技术实时进行智能分析和智能控制，形成了航空发动机的优化运行和健康保障系统。通用电气在此基础上开展了按小时付费的租赁服务模式，对发动机提供终身服务（周济，2018），从服务得到的盈利比例大幅度提高，变身为服务型的制造企业。借助人工智能技术，通用电气从卖产品的传统制造模式成功转型为送产品、卖服务的智能服务模式，这必将会掀起智能服务产业蓬勃发展的高潮。

4. 云制造

随着新一代通信技术、云计算和人工智能技术的发展和应用，智能制造云和工业智联网将实现质的飞跃，为新一代智能制造生产力和生产方式的变革提供发展的空间和可靠的保障。一方面会推动各类租赁、托管，卖数据、卖资讯等数字经济、智能经济的发展，事实上当今社会已经出现了很多数据服务公司，形成了较大的产业群体。另一方面会推动云制造模式的推广，像一呼百应网络技术股份有限公司的制造模式、明珞公司的智造家平台等初步实现了云制造模式。

4.3.2 "人工智能+"赋能制造转型方向

与传统制造模式相比，"人工智能+"赋能制造在新业态、新商业模式等方面实现转型升级与"互联网+"类同，前文也多次、多点进行了阐述，这里不再赘述。而形成的智能制造的形态和特点有较大差异，实现转型升级的主要方向包括如下五点。

1. 生产设备智能化，互联网、物联网和"人联网"三网融合

传统利用互联网、内部网构建的信息系统与通过各种信息传感设备，实时采集底层数据信息的物联网打通，从而使得设备和系统具有自主决策等智能行为。传统的被人和系统管理控制的角色上升为与人和系统的互动交流、协商的平等关系，两个物理层面的网络与制造企业相关人员组成的"人联网"三网融合，实现物与物、物与人之间的连接，人—机—物相互协调、共融共生的智能制造模式。

2. 生产数据可视化，实现基于大数据分析的智能辅助决策和自主决策

物联网的普遍应用使制造环节的大数据得以充分利用，算法、计算能力、数据展示技术的发展，如智能报表、仪表盘、知识图谱等可以实现生产数据的可视化，实现在线分析、动态分析等多种形式的分析，包括设备开机率、主轴运转率、主轴负载率、运行率、故障率、生产率、设备综合利用率、零部件合格率、质量百分比等。利用大数据技术，可以对产品的生产过程建立虚拟模型，仿真并优化生产流程，当所有流程和绩效数据都能在系统中重建时，这种透明度将有助于制造企业改进其生产流程。数字孪生模式将改变传统的数字化制造、虚拟制造模式。再如能耗分析方面，在设备生产过程中利用传感器集中监控所有的生产流程，能够发现能耗的异常或峰值情形，由此便可在生产过程中优化能源的消耗，对所有流程进行分析，找到大大降低能耗的解决方案。

3. 生产过程透明化，实现制造过程可追溯和调度决策的动态化

基于物联网和大数据的智能制造信息系统的实施使整个制造实现了过程留痕，全程可跟踪、可追溯，并且数据信息都是动态实时的，使制造企业管理、控制和决策实现动态化和实时化。企业管理者通过掌握生产、经营的有关信息，借助智能制造信息系统来判断目前生产、经营状态是否正常，从而做出有关调整和优化调度的决策并加以实施，以便使生产、经营活动正常、有序、高效率地运行。

4. 生产现场无人化，真正做到"无人"工厂

例如，在离散制造企业生产现场，数控加工中心智能机器人和三坐标测量仪及其他柔性化制造单元进行自动化排产调度，工件、物料、刀具进

行自动化装卸调度，可以达到无人值守的全自动化生产模式。在不间断单元自动化生产的情况下，通过生产任务"优先"或"暂缓"等分类管理，可以远程查看管理单元内的生产状态情况。如果生产中遇到问题，一旦解决立即恢复自动化生产，整个生产过程无须人工参与，真正实现无人、少人的智能生产。

5. 生产文档无纸化，实现高效、绿色制造

传统靠纸张传递信息的方式在智能制造模式下已经落伍了，对生产文档进行无纸化管理是智能制造的基本前提。工作人员在生产现场即可快速查询、浏览、下载所需要的生产信息，生产过程中产生的资料能够即时进行归档保存，大幅降低基于纸质文档的人工传递及流转，杜绝文件、数据的丢失，进一步提高生产准备效率和生产作业效率，实现绿色、无纸化生产。

第 5 章

"智能+"制造企业赋能路径

中国制造业如何通过"智能+"实现转型升级是当前各界人士普遍关注的问题，本书尝试从制造业价值链攀升的视角提出以下几个路径。一方面是从"微笑曲线"到"穹顶曲线"，通过智能制造模式提升制造加工的效率和效益，从而实现制造业的转型升级，具体包括跨层跨域网络化协同制造模式的转型、适合中国国情的智能制造模式的升级路径。另一方面从微笑曲线的中间向两边延伸或拓展，在创新驱动、服务化延伸、品牌质量方面实施转型，具体包括互联网+制造+服务的服务化转型、网络化共享创新资源整合的创新驱动动能转换方式的改变，以及品牌质量社会网络智能监管保障体系的建立。

5.1 跨区域网络化协同制造

针对当今中国制造业的转型升级，网络化协同制造仍是主要路径之一。

2015年7月，国务院《关于积极推进"互联网+"行动的指导意见》发布，"互联网+"协同制造被列为重点行动之一。意见还指出，要推动互联网与制造业融合，加强产业链协作，发展基于互联网的协同制造新模式；鼓励制造业骨干企业通过互联网与产业链各环节紧密协同，促进创新资源、生产能力、市场需求的集聚与对接，加快全社会多元化制造资源的有效协同。

网络化制造是指通过采用先进的网络技术、制造技术及其他相关技术构建的基于网络的制造模式。在网络化制造信息系统的支持下，突破企业边界对产品的生产经营范围和方式的约束，开展覆盖产品整个生命周期全部或部分环节的跨企业业务活动，实现不同区域内企业间的协同和各种社会资源的共享与集成，实现高速度、高质量、低成本地满足市场需求。

如图5-1所示，可以按照智能工厂、产业链和产业生态三个不同的应用层次构建过程工艺感知与动态优化调度的智能工厂管控、智慧企业网络协同制造集成和产业生态的网络协同平台，实现跨区域网络化协同制造。

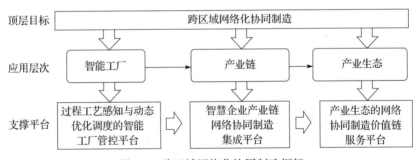

图5-1 跨区域网络化协同制造框架

其中，智能工厂的关键在于构建工业互联网、大数据和人工智能企业的技术体系架构，实现面向用户全流程定制交互的制造资源动态优化调度与智能控制的运作模式，推动制造业与服务业融合发展，支持生态体系内的众创众包协同研发、制造资源共享与智能匹配，这是网络协同制造下新的商业模式和新业态的关键支撑。

产业链重构的关键在于针对大规模定制式智能工厂的复杂异构环境，构建多层次、多粒度、多时空维度的泛在感知物联网，研究面向智能开放服务的物联网系统架构，设计异构资源虚拟化、动态服务生成技术等，支持可扩展和自优化的泛在感知服务，形成基于边缘的计算平台，构建边缘智能技术，设计高可靠分布式协同网络及实时资源调度与多目标动态优化方法，以适应智能工厂高可靠、低时延的管控需求。

形成更为成熟的产业生态的关键在于构建支持跨企业异构多源数据融合的数据空间，推动对知识和数据双重驱动的增量学习模型的研究，大力开发面向智能制造过程的、使用多种数据的数据分析模型，突破产业链平台资源共享与跨企业系统集成技术，提供大规模定制下龙头智慧企业带动的产业链网络协同智能交互与自适应制造解决方案。

5.2 适合国情的智能制造模式

智能制造作为信息技术与传统制造技术深度融合的关键载体，可以推动传统制造产业在研发设计、生产制造和市场需求之间的动态匹配，帮助传统产业逐步实现数字化、网络化、智能化改造，有利于节约成本、降低能耗、提高劳动生产率和产品质量，实现"微笑曲线"向"穹顶曲线"的转变，重塑产业的竞争力。

从质量提升来看，智能制造通过数字化、网络化、智能化逐渐把人从生产制造的重要工序中解放出来。智能化设备显然比人更能保证质量的稳定性，专业的智能软件可以帮助企业自动完成质量控制过程，在生产制造和装配等多个阶段进行连续监控，提前发现不符合规范要求的差异，如尺寸、密度或者重量参数偏离等，从而帮助企业消除缺陷产品。

从运营革命来看，智能制造把企业内部制造流程整合到一个数字化、网络化和智能化的平台，生产过程中的各种机器设备和数据信息互联互通，为决策优化提供支持，既可以根据市场需求灵活安排生产，实现高度的柔性化，又可以及时响应客户需求，实现大规模定制甚至个性化定制。智能制造更适应消费升级需要，以客户需求为导向的新模式更有利于推进运营革命。

以下提供了制造企业朝向智能工厂转型升级的基本技术路径。

5.2.1 智能制造技术路线

智能制造系统版本很多，目前，多数是从技术架构角度进行构建。本书结合课题组申报的国家科技创新 2030 "新一代人工智能"重大项目中"复杂制造环境下的协同控制与决策理论方法"研究课题，从智能制造运作行为需求导向的视角阐述其层次结构的功能需求、需要解决的制造问题，以及所涉及的关键技术，从中同样可以窥得智能制造庞大复杂的体系结构。智能制造系统技术路线如图 5-2 所示。

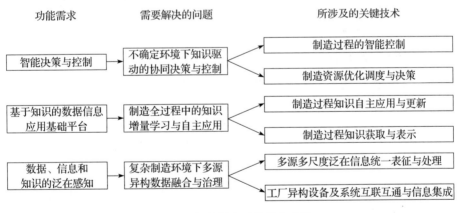

图 5-2 智能制造系统技术路线

5.2.2 智能制造系统功能

从智能制造运作行为视角可将其功能需求分为三个层次。底层是数据、信息和知识的泛在感知，即通过物联网的物物相连，互联网的各信息系统单元的相连，物联网与互联网的相连，实现制造过程数据、信息和知识的采集，学术上常常叫作"泛在感知"。

中层是基于知识的数据信息应用基础平台。底层感知的数据、信息和知识要能够被人及制造过程中的智能体（可能是设备、软件系统等）所使用，必须经过处理和加工，形成中间件、四库系统（传统决策支持系统中的模型库、方法库、数据库和知识库）等基础应用工具或平台，最终为顶层所用。智能制造的本质特征是数据、信息及知识的应用普及化和自主化的加强，基于数据和知识的驱动型人—机—物融合的科学决策与控制。按照传统决策支持系统框架，首先，需要有中间层的四库系统。其次，针对智能制造的智能控制与决策应用基础平台应该包括模型库，由各种数学模型、概念模型、逻辑模型等组成的控制决策模型及仿真模型集合。最后还要有方法库，这里主要指处理数据、信息和知识的各种方法集合，包括各类算法、控制方法、决策调度方法等。人工智能技术应用所形成的知识库是由不同表示类型的知识集合构成的可被系统使用的库，常常会构建知识图谱。而传统的数据库也是必不可少的。智能制造的数据库相比传统制造的数据库系统结构复杂得多，内容也庞大得多，除传统结构化的关系型数据库、非结构化的文本数据库、装载历史数据的数据仓库外，泛在感知的各种类型数据都会被存储起来，形成工业大数据。

顶层是智能决策与控制。智能制造与传统制造的本质区别是制造过程中的模式和方法不同，核心内容就是采用了不同的设施、工具，消弭不同的组织运作模式下的决策与控制的差异，即将传统制造以人为主的手工操作、半自动化操作以及人的经验等制造模式转变成人—机—物共融的智能决策与控制模式。

5.2.3 需要解决的技术问题

1. 复杂制造环境下多源异构数据的融合与治理

随着物联网与智能制造的深度融合，跨层跨域海量异构信息的多源异构、多时空尺度、信息不完整等成为制造过程的基本特征之一。面向制造全过程，如何在数据级、特征级、决策级三个层面实现信息高效融合与治理，进而实现对制造过程的全面精确智能感知，是智能制造需要解决的基本问题之一。在数据级及特征级融合层面，如何从海量异构信息中自动而高效地获取关键生产信息是解决问题的关键；在决策级融合层面，如何通过多层次事件建立复杂生产过程并实时监测关键性能与各相关制造资源间的动态聚合、时序匹配、关联关系等，进而向不同层级的生产管理者提供制造过程中的实时性能分析与异常精准溯源是关键问题。

2. 知识自主应用是智能制造需要解决的根本问题之一

制造全过程涉及计划、调度、物流、仓储、维护等多个过程，业务场景复杂多样，而为满足个性化定制等新需求又会带来更多新的场景。因此，需要具备对已有场景进行挖掘并构建知识图谱的能力，并支持知识增量学习，使得人机交互与知识发现等相关技术更好地适应复杂多样且不断出新的场景，从而使知识可以更好地应用到制造全过程的人机交互中，实现人机深度融合。

3. 不确定环境下知识驱动的协同决策与控制

针对复杂不确定的生产环境，如何通过知识表达、知识匹配、知识融合和重构，在基于模型和数据的决策与优化过程中嵌入个体知识；以知识驱动为引擎，以人工智能算法为手段，在建模层、寻优层和决策层进行融合协同，实现优化决策的适应性和全局最优性是需要解决的根本性问题。面向复杂制造工艺和柔性生产过程，如何实现控制器的在线自主重构和异构子系统的分布式协同控制也是一个需要解决的核心问题。

5.2.4 所涉及的关键技术

1. 复杂制造环境泛在信息智能感知与集成

面向人工智能与先进制造技术深度融合的智能制造新模式，构建具有自感知、自计算、自调节、自组织等功能的新一代网络架构，可以实现海量异构信息的高效传输、处理与分析，并支持知识驱动的决策与控制。通过工业网络的智能感知、理解与智能管理、优化，提高信息传输质量。面向网络边缘设备的检测、监测、指令等海量数据具有多源异构、多时空尺度等特点，建立数据融合与信息提取边缘计算模型，可实现对关键过程信息的精确感知。实现面向制造过程的智能态势感知，并通过多层次事件建立复杂生产过程实时关键性能指标与各相关制造资源间的动态聚合、时序匹配、关联关系，可为不同层级的生产管理者的决策与控制提供准确情景或模式信息。

2. 人机共融智能交互与知识发现

面向人—机—物的虚实融合，需要建立"表示学习—知识增量—人机融合"的知识发现体系。

- 针对制造业跨层跨域数据的复杂异构特性，要对异构噪声下的数据进行标签优化，与模型建立关联，使用具有抗噪声和容错能力的标签融合技术与方法。
- 构建支持多源数据融合的表示学习模型，构建面向自主应用的知识图谱、情境知识集、价值知识集与策略知识集，突破知识图谱自主增量技术瓶颈。
- 实现人机任务协同理解、脑机知识接口以及制造场景理解，实现人机共同演进，为控制优化与调度决策提供知识支撑。

3. 知识驱动的人—机—物三元协同决策与优化

面向不确定环境下的复杂生产过程，针对生产过程中的决策与优化命题，突破因人机信息单向交互而形成的知识碎片化及优化决策区域化⊖的壁垒，充分发挥人的经验知识和信息系统的各自特长，以知识驱动为引擎，以主动学习、半监督学习、在线学习、增量学习以及生成对抗神经网络等最新人工智能算法为手段，在基于生产过程虚拟推演和实时运行的虚实融合效用评价体系下，把机理模型、生产过程数据知识以及人的经验知识在建模层、寻优层以及决策层进行有机协同，以增强优化决策的全局最优性以及对不确定性环境的适应性。

4. 跨层跨域的分布式网络化协同控制

针对跨层跨域的分布式网络化系统，运用数据和专家知识图谱，实时构建标准化描述模型及信息、物理的耦合拓扑结构；根据复杂制造工艺各工序及节点在模型、知识、数据等方面的差异性，动态实施虚拟分区，形成多知识异构子系统，在线构建制造全流程、全周期时空协同控制模型；通过知识推理和深度增强学习方法，实现区域协同，保证全局控制性能，形成分布式网络化协同控制的系统运作模式。

5.3 "智能+"制造的新商业模式

当今制造业的主要趋势一个是 C2M 的大规模或完全个性化定制制造模

⊖ 优化决策区域化，指优化决策的范围容易陷入区域化情况，难以在大场景、大尺度上进行优化决策。

式，另外一个是平台型经营生态系统的复合业态的云制造模式。当然，商业模式驱动的智能制造模式一般也是采用上述的智能工厂和智能生产的技术解决方案，只是不同的商业模式采用的技术组合方式也不同，所以，本书单独用一节进行阐述。

5.3.1　C2M 的智能制造模式

C2M 也称"短路经济"，是直接连接消费者与生产制造商，实现"预约式购买，按照要求生产"的全新销售模式。C2M 作为工业 4.0 模式的重要销售方式，也是新型智能制造模式，其终极目标是通过互联网技术将不同的生产企业集成到 C2M 商业平台上运营，运用强大的智能计算机对数据进行实时交换，按照消费者需求快速地将供货商、制造商、物流企业联系起来，最终生产出定制化产品。C2M 智能制造模式以数据为基础，缩短了传统制造业的产业链，剔除了传统制造业中大量的中间商环节，如流通、代理、经销商等，它的模式如图 5-3 所示。具体而言：

- 消费者根据自身需求将定制产品的要求、特征告知 C2M 商业平台并向平台支付定金。
- 平台通过数据分析整理将不同的定制产品类型分类并发放到各大制造企业。
- 制造企业在得到订单数据后，按照下单、定制、制作、检验、装配、运输六个步骤最终将产品运输到消费者手中。

整个过程通过"智能+"手段实施。值得注意的是，生产制造企业也会在日常运营中搜集消费者的消费偏好，根据搜集到的数据不断完善企业制造模板数据库，以提升生产效率，全流程依靠互联网、大数据实现智能化。

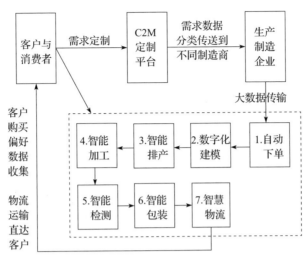

图 5-3 工业 4.0 C2M 制造模式

C2M 是一种客户全程参与的个性化定制的敏捷柔性智能制造模式。敏捷柔性制造要求拥有高度数字化的生产流程，对需要快速响应客户需求的离散型制造业实现智能化升级，具备敏捷柔性制造能力。典型的例子是海尔智能工厂通过系统集成实现柔性制造，增强生产模块，提高装配效率，优化资源平台推进协同创新，提升产品和技术智能化水平。

大数据、云计算、物联网等现代信息技术正深刻影响着传统的生产制造业，支撑着 C2M 制造模式。尽管 C2M 模式有助于企业进入新的市场，吸引了大量个性化需求的顾客，但如果缺乏与之相对应的低成本高效率的供应链，也是难以实现的。而互联网的长尾效应刚好可以有效地解决 C2M 智能制造模式下个性化定制需求成本与规模矛盾的主要问题。即在互联网庞大客户群中，小众群体的需求同样可以支撑供应商的规模效应发展，如尚品宅配、红岭西装等。长虹企业深化了互联网思维，提出了智能制造概念，建立智能工厂，并将其运用到长虹集团旗下的电视、冰箱、空调、注塑无人工厂等多个领域。该模式推动家电制造模式、标准及产业链的变革，说明传统家电等大规模生产企业也可以实现 C2M 模式。

5.3.2 云制造模式

随着云计算、物联网、虚拟化技术、面向服务技术（如知识服务、服务技术等）、高性能计算等为代表的先进技术的迅猛发展及应用，以及虚拟企业、动态联盟的敏捷制造模式的成功落地，为了解决如何在制造过程中整合社会化存量资源，提高资源利用率，降低能源消耗，减少排放，实现服务型制造等问题，专家学者们适时提出了"云制造"模式。该模式的内涵是制造企业将先进的信息技术、制造技术以及新兴物联网技术等交叉融合，将材料供应、制造能力等制造资源禀赋虚拟化，集中于云平台，制造商可在云端整合和对接来自市场需求侧和制造侧的资源，通过工业互联网渠道和云平台载体进行资源整合、实施制造行为，充分发挥制造资源最佳效能，实现最大限度的集约化制造。

1. 云制造的运行原理

云制造的运行原理如图 5-4 所示。云制造系统中的用户角色主要有三种，即资源提供者、制造云运营者和资源使用者。

- 资源提供者通过对产品生命周期全过程中的制造资源和制造能力进行感知、虚拟化接入，以服务的形式提供给第三方运营平台（制造云运营者）。
- 制造云运营者主要实现对云服务的高效管理、运营等，可根据资源使用者的应用请求，动态、灵活地为资源使用者提供服务。
- 资源使用者能够在制造云运营平台的支持下，动态按需使用各类应用服务，并能实现多主体的协同交互。

在制造云运行过程中，知识起着核心支撑作用：它不仅能够为制造资源和制造能力的虚拟化接入和服务化封装提供支持，还能为实现基于云服务的高效管理和智能查找等功能提供支持。

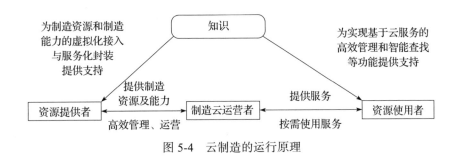

图 5-4　云制造的运行原理

2. 云制造平台型企业的运作模式

在云制造的应用方面，美国早在 2000 年就搭建了目前世界上最大的制造能力交易平台 MFG.COM，致力于为全球制造业伙伴提供更加快捷高效的交易平台。美国越野赛车制造厂 Local-Motors.com 通过众包的方式将汽车的全部个性化设计与制造过程众包给社区，仅用 18 个月的时间，就在干洗店大小的微型工厂里实现了汽车从图纸设计到上市。

国内航天科工集团开发的面向航天复杂产品的集团企业云制造服务平台，接入了集团下属各院所和基地，拥有丰富的制造资源和能力；中车集团构建了面向轨道交通装备的集团企业云制造服务平台，打通了轨道车辆、工程机械、机电设备、电子设备及相关部件等产品的研发、设计、制造、修理和服务等业务；面向中小企业的云制造平台也陆续出现在了装备制造、箱包鞋帽等行业。

云制造实际上是一个基于经营生态系统的平台型运营模式，很多新兴的互联网公司或转型而成的互联网公司都采纳了这种模式。比如三一重工旗下的"树根互联"，就是用工业互联网平台整合了各类机械企业，通过与实体制造企业的"云融合",实现了与企业制造、服务一体化的深度融合。苹果、小米等公司更是通过云模式建立的平台,将制造、消费类电子的娱乐、金融、软件等多个行业跨界融合,经营平台型复合业态,维系其产业生态系统。

云制造平台型企业是未来智能制造主要流行和采纳的方式之一,其运作模式主要包含以下四种。

(1)把企业做成云平台。即企业通过整合全球资源来完成既有目标,这实际上是搭建一个商业生态系统。例如,海尔过去主要的运作模式是实施管控,而现在却打造成一个供更多合作伙伴自由创业、供更多用户自由分享的开放平台。在这种模式下,海尔每个员工都在创业,这就好比每个员工都是一棵树,最终实现众树成林的规模。这个"森林"里面可能会不断更新换代,总体上却是充满活力、生生不息的。

(2)把产品做成云平台。就是贯彻广义的产品经营理念,即把"产品只是产品"转换成"产品不是产品"。前者是指产品的初始功能不变,后者则是围绕产品的初始功能不断延伸,把更多的功能纳入这个产品中来,围绕产品的核心功能进行体系化扩展,产品围绕用户需求不断进行升级,使产品成为更多功能的平台载体。比如,手机产品从单一的通信工具变成了智能终端,可以手机购物、手机支付、手机理财、手机学习、手机值机……一部智能手机就可以满足一个人工作、生活、学习和娱乐的全部需求。

(3)把员工做成云平台。指的是要充分发掘现代知识型员工的潜力,围绕激活员工潜能进行赋能,为公司创造效益。不少知识型企业,如谷歌等软件企业、3M的研发中心等,在工作时间内,允许员工每周有一天或半天的自由时间用来完成自己想做的事,于是众多的新产品发明和新技术应用在这个时间内产生,为企业带来了丰厚的利润。再如海尔集团公司把员工视为资源集成商，为内部接入外部的一流资源，即通过员工实现了内部资源和外部资源的打通和集成。

（4）把用户做成云平台。就是要充分挖掘用户需求，为用户定制系统化的生活、工作和交往的解决方案。企业要整理用户信息、分析用户真实需求，通过大数据管理在不同的阶段实现精准营销。比如汽车 4S 销售店，当车主购车之后可以进行车辆保险、保养、装饰等，围绕车主进行营销。

5.4 "智能+"制造服务转型

"智能+"制造服务转型是指制造企业通过运用信息技术，深刻地把握用户需求，增加具有异质性特点的生产性服务，以此形成差异化竞争优势、延长产品的生命周期服务，同时能够更好地满足顾客多元化的消费需求，推动制造业逐渐由"实体制造"转向"虚拟制造"和"服务制造"。

在"智能+"的时代下，全球化与世界经济得以不断快速发展。互联网凭借着庞大的信息容量、强大的连接能力以及便捷的通信方式，悄然改变着用户的消费行为和企业赖以生存的生态环境。尤其是在分工深化、专业化程度不断提高以及市场环境急剧变化的经济生活中，消费者的品位以及地位也发生了很大变化，从而使得传统制造企业所面临的市场环境发生了剧变，其表现出的以用户为主导、市场变化迅速、行业竞争激烈等特征越来越突出。

为了适应变化、占据市场，制造型企业的生产和组织方式也发生了较大变化，精益生产、定制服务等柔性化逐渐成为它们主动或被动适应市场变化的选择。制造企业可以借助互联网和数字经济的外在力量推动"智能+"制造服务深入融合，从而实现"智能+"转型升级。企业要通过对制造企业生产要素的优化、业务流程的重组与更新、企业商业模式的改善等技术改进和模式创新，加快制造业数字化、智能化阶段进程。同时，服务化程度越来越高的制造业生产和组织方式也可以减少企业对资源及能源的强烈依赖，减轻对环境的污染破坏，有利于弱化或破除"资源和环境"对制造业发展的瓶颈限制，提高经济发展的环境收益。服务型制造的发展不仅促进了制造业自身的发展转型，也有助于实现产业结构的"软化"，促进经济社会的持续和健康发展。

5.4.1 "智能+"制造服务转型的基本方略

1. 以竞争优势为导向的转型方略

现今，"智能+"技术的迅猛发展不仅改变了全球经济市场格局，也进一步加剧了制造业整体的市场竞争。而全球资源的限制、劳动力成本上升等因素，使制造业为了站稳市场地位，开始将战略重点转向服务领域。通过"智能+"实现数字经济平台模式创新，在为消费者提供服务的过程中，制造企业会不断加强与消费者的联系，使得消费者与企业产生某些特殊的情感联系，这会在很大程度上降低用户对价格的敏感性，培养用户的忠诚度。因此，对制造企业来说，基于数字经济平台下的服务化既是创造新的商业机会，也是建立产业链价值优势的必要战略手段。特别地，通过充分运用"智能+"技术和数字经济基础设施，可以促使我国制造企业建立起以电子商务系统为载体，以客户关系管理为支撑的数字化制造运作管理体系，同时进一步加快实现服务化转型的目标，从而提升和完善自身独有的竞争优势。由此可以看出，在"智能+"环境下，对于自身竞争优势的获取成为我国制造企业进行服务化转型的重要助推力。

2. 以盈利点创新为导向的转型方略

"智能+"对制造业的不断渗透，不仅深刻改变了社会生产方式，还培育出新业态。再加上制造业传统的盈利模式和商业模式已经不适应当今市场的竞争要求，传统制造企业的盈利能力正在下降。制造业为了提升自身的利润空间，最大化自身的经济效益，必须通过互联网化和服务化转型开拓新的盈利点，实施全产业链数字化、平台化全程服务的商业模式。

在"智能+"环境下，制造企业的服务化转型不再是简单地听取顾客意愿，而是要根据顾客的个性化需求生产产品，积极与顾客进行实时互动，让顾客主动参与到产品生产制造的一系列活动中，使得顾客、原料、产品、设备之间可以通过现代信息技术实现紧密互动式交流，从而提高制造企业整体的智能化水平。制造企业借助现代"智能+"技术可以有效地延伸服务环节的利润，加快提高制造业整体的反应能力。服务提供不仅可以成为制造业稳定的经济来源，而且其带来的边际利润也远高于产品的生产利润。因此，在"智能+"环境下，高利润的追求不断推动着我国制造业进行服务化转型。

3. 以满足客户新需求为导向的转型方略

由于信息革命引发的经济、社会生活方式的变迁，卖方市场向买方市场的转变，用户的关注点不再限于产品质量的高低，更重要的是在购买产品之后企业所能提供的后续服务质量的高低，这些极大地影响了客户的购买意愿。在买方市场的环境下，用户个性化的倾向越来越明显，制造企业能否生产出满足用户个性的异质化产品才是制造业实现产品的价值、获取利润的关键。而服务所能提供的产品种类众多，且不易被模仿、替代，从而可以培养出周期较长的差异化优势。因此，为了更好地满足用户需求，服务化转型成为制造业转型的必然趋势。

在"智能+"环境下，制造企业可以充分利用"智能+"技术加强与客户的互动关系，从客户的行为习惯、心理状态等方面探索客户的深层次需求，并及时提供优质的服务满足客户需求，这些附加服务也将成为企业的主要利润来源。这样不仅可以推动整体市场经济高水平的发展，还可以促进与之相关的其他配套企业服务化水平的提高；反过来，相关联的配套企业服务化水平的提高又会提升制造业服务化水平。因此，在"智能+"环境下，客户需求将极大地刺激我国制造业快速实现服务化转型的目标。

4. 以价值链攀升为导向的转型方略

我国制造企业由于长期处于价值链低端位置，赚取微薄的利润已经难以维系自身的发展，亟须转型发展。从目前形势来看，制造业的转型发展总共有两种途径，一是向上游的产品研发设计等方向转型；二是向下游的销售服务等方向发展并延伸，通过加深制造业服务专业化程度，衍生出与产品相关的生产性服务，为制造业拓展出新的市场，这就会使制造业在从实物产品的研发设计到售后的整个产品全生命周期中内生出多个服务，即通过价值链的延伸，可以衍生出基于用户导向的生产性服务需求，而这些需求又会促使制造业不断向服务领域拓展。由此可以看出，制造业服务化转型本身就是价值链重塑和攀升的过程。对制造业来说，延伸价值链不仅可以在一定程度上形成规模经济和范围经济，也增加了产品的附加值，丰富了产品的形式。

此外，在延伸过程中，制造业会积极主动与上下游企业建立和维护良好的协作关系，由此产生整体大于部分之和的效应。特别是在"智能+"环境下，高新技术被广泛应用到制造业，从而催生出新的产品和设备，它们不仅在研发之初需要制造业提供平台让用户参与设计，在生产销售后也需要制造业能够为用户及时提供专业有效的服务，因而服务成为不可或缺的环节。因此,"智能+"环境下,制造业向价值链上端或下端延伸的需要,会促使制造业尽快实现服务化转型的目标。

5. 以环境绩效改善为导向的转型方略

现阶段我国对各种矿产资源使用的限制条件增加,资源的有限性使得整个制造业生产成本上升,资源要素将成为制造业未来发展最重要的约束条件。而我国制造企业大多数仍处于低端加工制造位置,资源的浪费和污染程度比较高,这将成为我国制造企业未来发展的瓶颈。当前,政府及有关部门利用信息技术对环境质量和资源消耗的监测更加准确细致,环境保护的力度加强,我国制造企业要想避免资源约束及生产成本上升等约束条件,服务化转型则成为最重要的途径。制造企业进行服务化转型,企业的角色定位发生改变,由产品生产者转变为服务提供者,这会就促使企业的战略重点转向服务,对产品生产的投入减少,在一定程度上可以有效降低资源的消耗与环境污染,进而产生环境保护效应。

传统的生产制造活动对资源的消耗量巨大,且不利于新时期下对环境的保护,特别是在政府加强了对环境的保护工作的形势下。我国制造业必须加快转变传统的生产经营模式,服务化转型发展成为必然趋势。而"智能+"技术的充分应用又可以促使制造业有效地协同全球资源,通过大数据等技术监控产品生产过程中各个环节的资源利用率,不仅有利于减少消费者的返工成本,还可以提高废旧产品的回收率,降低环境污染。因此,在"智能+"环境下,基于改善环境绩效的需要促使我国制造业进行服务化转型,从而改变传统的生产模式。

5.4.2 "智能+"制造服务转型的阶段与对策

现阶段,我国制造企业为了能够在激烈的市场竞争中站稳脚跟,就需要培养自身新的优势。但是由于我国制造能力较弱，加上生产性服务业的发展不成熟，如果盲目地进行服务化转型，制造业很可能会损耗巨大的成本，同时所得的利润却不能及时弥补亏空，从而导致企业跌入"服务化困境"。因此，在"智能+"环境下，我国制造业服务化转型需要充分利用"智能+"技术，以此产生技术范式和商务范式的变化，这不仅仅是提高复杂环境下制造业的市场响应能力，更是从产品的同质化制造转向差异化制造的过程。

由于制造业的服务化转型本身就是动态变化的过程，而"智能+"技术也在日益更新，再加上"智能+"技术本身具有的催化作用，其发展的不同阶段对制造业服务化转型产生的影响和效应也就有所不同。在服务化转型的初始阶段，"智能+"技术只是依附于制造业的产品生产管理或是售后服务管理，其主要作用就是提高生产效率，解决产品在使用过程中出现的各种问题，以维护既有客户的忠诚度，这在一定程度上也促使制造业的关注点由产品转向用户。随着"智能+"技术进入成长阶段，网络的交互性质凸显，使得制造业的发展呈现出水平格局，即制造商、供应商、零售商、用户等在同一平台上互动。制造商能够为用户提供及时服务，制造商的角色也从产品供给者转向服务供给者。最后，到达制造业服务化的融合阶段，新一代信息技术更为广泛的应用和制造业服务化转型的深入，将会推动社交化制造模式的快速发展。

1. "智能+"产品/服务阶段与对策

"智能+"产品/服务阶段是指在制造业服务化的初级阶段，制造业围绕产品（而不是生产）以及产品的服务进行智能化，通过"智能+"融合产品与服务两个环节。近年来，我国制造业服务化转型无论是从速度还是质量上，都已经呈现出积极的发展态势。特别是随着"智能+"技术的发展,制造业意识到"智能+"所具有的较强的渗透作用和倍增效应,正在给企业的生产、经营、管理、销售等方式带来革命性变化。在经济全球化背景下,高效快速供给是制造业在激烈的市场竞争中脱颖而出的必备条件。而实现高效快速供给则需要建立一个庞大的生产供应链,但是建立和维护这一生产链需要制造业有雄厚的资金作为保障,这就需要制造业及时引进先进的"智能+"技术,利用"智能+"技术快速地连接供应链上各个节点,统筹管理和分配人力、物力等资源。附加性的"智能+"技术能够使制造业提高生产效率,降低生产成本,使得产品从设计研发到生产销售、交付的时间相应减少,这将进一步改进和提高产品质量,在一定程度上推动制造业的关注点由以产品为中心转向以客户为中心,增加了服务领域的投入和供给。

2."智能+"产品生产+服务阶段与对策

"智能+"产品生产+服务阶段指的是通过"智能+"实现制造业产业链条上下游的生产和销售服务两个大环节之间的衔接与融合,通过"智能+"平台构建制造业生产体系,实现与下游售后服务之间的深度交融。"智能+"技术的广泛应用直接影响着制造业,使得用于生产实体商品的投入大幅度下降。现今,"智能+"技术的迅猛发展也带来了新的商业形态和模式,如小米手机,其盈利模式并不是依靠实体手机的生产销售,而是依靠为用户提供服务所带来的增值利润。在此过程中,制造业更注重产品能够给用户带来的体验价值,从体验价值中获得企业的高额盈利,这就会促使制造业进行改革,否则就无法生存下去。

在"智能+"产品+服务阶段,制造业不再是简单地将"智能+"技术运用到生产经营活动中,而是形成一种硬件+软件+服务的闭环生态模式。制造业借助"智能+"技术及时获取用户需求,以用户为中心与用户协同生产，通过与用户进行实时互动，从产品的设计到售后维修、回收都能与用户进行有效的交流。在产品的生产过程中增加并完善产品相关服务，形成满足用户需求的产品服务系统。制造业在这一过程中的服务创新，是对原来所提供服务的升华和提炼，这种服务的提升在很大程度上依赖于技术进步，虽然产品的设计和发明来源于思维，但是最终也要归于物质的操作。显然，利用"智能+"技术与用户共同生产制造产品，通过技术手段优化和重组价值链的各个环节以提升用户体验价值，可以实现制造业的服务深化。

3."智能+"服务型制造阶段与对策

"智能+"服务型制造是在"智能+"产品生产+服务阶段的基础上，进一步通过"智能+"技术与"智能+"平台体系实现在制造过程中的附加服务功能，将客户服务与产品生产深度融合，服务成为制造的目标和牵引。随着制造业服务化转型的深入，加上"智能+"技术的广泛应用，我们可以整合分散的优质资源，增强制造业内外的经济联系，使得价值链中各个环节之间的紧密程度加深，相应地也会增加对广告、物流、租赁等服务的需求，使得服务要素的比重增加。

在"智能+"服务型制造的融合发展阶段，需要制造业形成"智能+"思维，充分利用新一代的信息技术提升企业内外部服务的效率和质量。比如传统的制造业由于其产品本身的专业性，其售后维修需要专门派遣企业工作人员，这需要制造业花费大量的时间，而用户也可能在等待中支付巨大的机会成本。而借助云计算，制造业可以远程虚拟化设备的运作过程，第一时间远程汇集专家分析出故障的原因，针对原因为用户提出各种解决措施。如果是产品中的软件出现故障，用户可以通过云计算在官网上直接下载解决方案。若是硬件故障，制造业再派遣专业的工作人员上门维修。如此不仅缩短了设备维修的时间，降低了维修成本；从用户的角度看，也相应地减少了用户损耗的时间成本。因此，"智能+"服务型制造的融合发展阶段是用户消费体验高要求的结果，在这一过程中需要制造业借助"智能+"提供各种服务，如个性化服务、远程监控和维修服务、平台化服务、全生命周期服务等，同时制造业还可以依托"智能+"新产品的营销服务模式，提高用户的满意度和忠诚度，从而实现制造业经营方式的变革。

5.5 "智能+"共享资源创新驱动制造

"智能+"共享创新资源整合是指基于创新服务单元和创新企业之间的多种异质柔性关系，利用信息技术对创新资源要素进行调整和配置来实现创新活动的过程。在不损害创新资源相关利益方的前提下，避免或者减少资源的不必要重复建设，并将创新资源向网络成员开放。"智能+"共享创新资源整合强调了参与主体的合作与利益共享。在"智能+"共享创新资源整合系统中，创新资源的组织从范围上跨越了企业边界，从形式上体现为不同创新服务单元的联合，且不同创新行为主体之间的相互作用促使智能制造创新生态系统不断处于动态演化之中，能够更为敏锐地把握市场需求和客户的个性化需求，更为敏捷地对创新过程中的问题做出实时反应和决策，更为广泛地整合社会化的分散智能和优势资源，更为友好地处理创新过程与生态环境之间的交互关系，从而实现创新的精准、快捷、绿色和高质量。创新资源日益成为国家经济发展的战略资源，科技创新绩效不仅与其拥有的科技资源总量有关，还与创新资源整合共享、开放水平以及创新资源的使用效率及配置能力密切相关。

在中国制造业实施的创新驱动制造业转型升级战略，一定是充分发挥了中国特色社会主义制度优势，社会相关资源通过政府的强力引导加上市场的内在机制共同实施的。

5.5.1 "智能+"共享资源创新驱动主体

"智能+"共享创新资源整合是一个复杂的系统，主要包括宏观层面和微观层面。政府是宏观层面的国家资源调控和市场引导的主体，企业、高校、科研院所和科技服务中介等是微观层面的创新主体。

政府是"智能+"共享创新资源整合的最有力保障，具有制定产业政策、规章制度和管理创新资源等职责，可以通过政策引导、信息提供以及各种优惠措施，有效地推动创新资源整合共享活动的深入开展。政府要制定创新资源整合共享总体规划和宏观政策，需要通过搭建科技创新公共基础平台，协调创新主体共同参与资源开放与共享，加强区域创新能力的培育和建设。

企业是技术创新的主体，在"智能+"共享创新资源整合过程中，承担着终端使用创新资源的功能，各类创新资源最终都要落实到企业创新活动中。企业既是创新资源整合共享的主体，也是创新资源整合共享的接受者。企业通过共享体系获得的创新资源主要应用于具体的产品制造、生产和市场推广等过程，将最终获得的技术成果等创新资源转化为现实生产力，进而提高各类创新资源的利用绩效。

高校是知识创新的源头和技术创新的重要阵地，拥有丰富的创新人才资源、创新基础与条件资源、创新成果资源等，随着政产学研协同创新的不断深入，大学在区域创新体系中的溢出效应越来越显著。通过政府引导高校的创新资源向社会开放，为企业提供技术支持和服务，可以弥补企业自身创新能力的不足，避免创新资源的分散与浪费。科研院所介于高校和企业两者之间，除了基础研究外，还要开展产业技术创新和技术服务，拥有较多的创新人才和较强的科研能力，因而比高校具有更明显的技术创新和创新产出优势。通过加强高校与企业、科研院所的合作，可以充分释放高校和科研院所的创新能量，从而促进企业技术创新能力的提升，更好地推动企业成为技术创新活动的主体。

科技服务中介机构是连接政府、高校、科研院所、企业等创新主体之间的沟通桥梁，为创新主体提供各类技术、信息、咨询等服务。科技服务中介可以改善创新资源整合共享体系中的信息结构，加强各个创新主体之间的联系，加快创新资源需求与共享的速度与效率。科技服务中介机构面向企业技术创新，为企业提供技术支撑、咨询服务、创业服务、科技成果推广服务、科技金融与创业风险投资服务等，是区域技术创新体系的重要组成部分，也是创新资源整合共享工作的重要载体，在推动企业技术创新方面发挥了重要的作用。

5.5.2 "智能+"共享资源创新驱动模式

"智能+"共享创新资源整合模式包含三种形式，一是创新资源整合共享建设初期，以政府为主导的整合共享模式；二是过渡时期，以创新主体为主导的整合共享模式；三是市场主导型模式，这种模式必将成为今后创新资源整合共享的主要模式（如图5-5所示）。其中，政府主导型创新资源整合共享模式主要通过政府计划，经过产学研合作到市场拉动，或市场拉动到产学研合作，最终达到有效制度安排下的整合共享。市场主导型模式主要通过市场拉动，经过政府计划到产学研合作或产学研合作到政府计划，最终达到有效制度安排下的整合共享。上述三种模式中，政府主导型模式和创新主体主导型模式是属于创新资源整合共享建设初期或过渡时期模式，而市场主导型模式必将成为创新资源整合共享建设的主导组织模式。目前大部分采用政府主导型创新资源整合管理模式，但主体权力最终还应归还于市场，使政府的职能从之前繁杂的具体事务中脱身出来，集中于环境的培育和完善、规则的制定、准入设置等宏观调控领域。

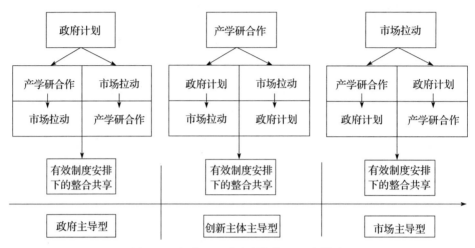

图 5-5 "智能+"共享创新资源整合模式

1. 政府主导型模式

政府主导型创新资源整合共享模式是通过政府计划来引导企业、高校和科研院所等创新主体，形成一个"上传下达"的整合共享体系。在政府主导型创新资源整合共享中，政府发挥的三个主要功能是：统筹规划、资源配置、创新主体间责权利益均衡分配。在政府主导的管理模式下，相关部门统筹规划创新资源整合共享工作的目标与方式，并负责协调筹集、监督共享工作，营造良好的体制政策环境，做好创新资源整合共享的组织机制、工作推进机制和激励机制，实现共享、共赢，提高全社会创新资源利用率和资源整合共享效率。通过充分发挥政府的引导作用，调动企业、高校和科研院所资源开放共享的积极性，并通过立法来明确各主体在共享过程中的权利和义务，对其合法权益切实加以保障，可以保证创新资源共享的实现，提升创新主体之间利益分配的公平性。

2. 创新主体主导型模式

创新主体主导型创新资源整合共享模式是以企业、高校和科研院所为核心的创新资源的整合共享。高校主要投入自身人才及研究成果，科研院所主要投入仪器设备及科研成果，企业提供自身设备和部分资金，各方利用自身优势资源进行资源整合、共享与开放，这不是一个封闭的过程，而是一个开放的系统，政府、科技服务中介等为资源整合共享提供政策扶持和各类辅助性服务。在创新主体主导型模式中，企业与高校和科研院所相互配合，相辅相成。

3. 市场主导型模式

市场主导型创新资源整合共享是指根据市场需求，通过竞争机制、价格机制、激励机制等协同运作，并根据创新主体利益最大化原则而进行的自愿交易和竞争，在市场失灵时发挥政府的协调和监管作用。市场主导型模式是创新资源开放共享的市场化配置，根据企业有效需求来整合共享创新资源，降低企业创业创新的成本，实现高校、科研院所与企业科技资源的对接和顺畅流动、转移。以市场为主导的创新资源整合共享模式主要存在"人才流""技术流""信息流""资金流"的交换，以市场为导向，企业为主体，根据市场需求进行资源整合、开放与共享。市场主导型模式的主要特点是：市场需求明确，解决了创新资源供给和市场需求信息不对称问题；信息反馈速度快、准，直接根据企业的需求与高校和科研院所有效对接，实现资源的整合、共享，实现创新主体间的利益双赢；科技服务中介作用突出，成为市场环境下促进创新资源整合共享的重要桥梁。

5.5.3 "智能+"共享资源创新驱动措施

"智能+"共享资源创新驱动方略主要是指如何组织和利用社会力量支

撑制造企业实施动能转换,除了企业是主体外,还涉及政府产业政策、金融等配套产业发展、创新性人才及商业模式、运行机制等多个方面,是一个创新资源要素顺畅流动的生态体系建设的过程。

1. 构建完整的创新资源整合系统

(1) 完善制度保障系统。政策调控、法规保障和技术支持是实现创新资源整合共享的基本保证与前提。要加强创新资源利用与共享的法律法规建设,按照职责明确、评价科学、开放有序和管理规范的原则,健全平台建设与运行的绩效考核机制、共享监管机制和人才评价机制,形成科学的组织管理模式和有效的运行机制。建立合作共享机制,对不同来源的资源实行不同的运行机制,对政府资助产出的国有科学数据采取"完全与开放"数据共享政策和公益性共享机制,科学研究人员以及社会各个阶层人员均得以不高于工本费的费用,以最方便的方式、无歧视地得到数据,政府为促进他们使用数据提供技术培训资助。而对私有科学数据则采取自由竞争政策和市场化共享机制,同时,国家通过税收进行调节和控制。

(2) 培育完善科技中介服务体系。在创新资源整合的服务实践中,科技中介服务体系的完善举足轻重。在创新资源整合过程中,科技中介服务不可或缺,它不仅是各类创新资源集成与扩散的桥梁与纽带,同时还是促进科技知识快速产生和转移的"催化剂"和"胶合剂"。科技中介服务体系由科技中介服务机构、组织管理系统和法律法规政策三个相互作用的要素构成。在该体系中,中介机构是主体,其他两个是主体的支持和保障。当前应大力培育和发展各类科技中介服务机构,重点发展以下三类中介机构。一是提供技术支援的中介机构,如生产力促进中心、企业孵化器等;二是提供技术信息咨询服务的中介机构,如技术市场等;三是提供资金的中介机构,如各种研发与合作基金等。要充分发挥高校、科研院所和各类社会团体在中介服务机构中的重要作用,引导中介机构向专业化、规模化方向发展。

(3)优化产学研合作机制。产学研合作通常指以企业为技术需求方,与以科研院所或高等学校为技术供给方之间的合作,是一种科技、经济一体化的运行模式。企业、高校、科研机构的合作开发有利于降低研发的成本,减少潜在的风险,可以实现"双赢",并在合作的过程中,合作各方产生协同效应,资源优势可以得到充分利用。因此,应强化产、学、研之间资源的联动,要采用多种形式组建一批行业性或区域性的科技创新中心,促进企业、高校和科研机构合作的联合研究机构的快速建立。要特别重视鼓励企业与企业之间的合作研究开发活动,探索企业共同出资建立行业技术开发组织。要研究制定有关政策,鼓励企业与高校、科研院所共建实验室,开展合作研究和专业人才培养,在一些综合性问题上进行合作,从而使各种创新资源得以整合。

2.加强创新基础资源要素投入

(1)着重创新人才队伍的建设。人才资源是创新活动的主体和推动者,也是其他各种创新资源要素的使用者,对于充分发挥创新资源的内在价值具有重要作用,因此,应牢固树立人才是第一资源的观念,要在政府宏观调控下充分发挥市场机制在人力资源配置中的基础性作用,形成创新人力资源的自由流动机制,充分发挥人才的潜力。主要通过两种方式进行人才的整合:

- 一是针对特殊重要的科研任务,组织来自不同单位(高校、科研机构和企业)的高水平的科研人员,形成一个新的合作群体,在一定时期内集中完成任务。

- 二是通过建立高效的人才激励机制，促使科技人才从一个机构流向另一个机构或科研项目组织，从而促使知识和技术的流动、扩散和应用。

（2）构建协调稳定的资金投入体系。创新资源整合的过程是各部门协调合作的过程，共享资源的配置建设不仅需要统筹规划，而且需要有协调一致的财政投入机制作为保障，应在政府预算中建立长期、稳定和足额的专项资金用于创新资源整合的基础性关键环节。另外，创新资源整合的投入应拓宽融资渠道，广泛吸收民间资本，引导社会投资，多渠道、全方位地增加资金投入，力争在政府引导下努力建立以社会资本为主体的多元化风险投资机制，这有利于发挥创新财力资源的集聚效应和规模效益，对区域创新资源整合提供持续稳定的资金支持，保证整合的顺畅推进。

3. 建立健全创新资源共享平台

（1）建设创新资源整合共享的信息平台。创新资源的整合共享需要建立在一定的组织基础之上。创新资源共享平台是在创新资源整合系统中，利用现代信息技术手段，运用共建、共享的模式建立起来的；是从事创新资源的加工、重新组合、编码、发布和提供查询以及相关服务的开放式服务系统，主要包括平台共享网络体系和平台管理服务体系两个部分。共享网络体系是创新资源共享平台对外查询的开放式界面，负责提供可共享的创新资源的相关信息（如共享资源的主要内容、数量、用途、使用费和获取途径等），使各资源需求主体能够快速、便捷地获取并使用共享资源。管理服务体系主要负责对平台进行管理维护、资源更新，以不断提升共享平台创新资源的总量与质量，从而使平台更好地为创新资源的整合服务。政府还可利用数据作为导向和驱动，把全社会各个阶层都带进平台中来，让每一位公民在数据流动和数据应用过程中把他们的才华和内在价值充分挖掘出来，从而最大化地实现各种创新资源的利用率。

（2）搭建创新资源整合共享的服务平台。以开放共享为核心，以整合集成为主线，加强科技中介的作用，明确专业服务机构作为平台的核心运营与服务载体，负责创新资源开放共享工作的具体实施，促进企业与创新资源相对充足的高校、科研机构进行合作，提高创新资源整合共享的效率。加强省内外、国内外创新资源的整合共享，引导外部创新资源为我所用，形成优势互补、资源共享、互促发展的合作机制。依托现有的科技资源共享平台，采用"频道对接"方式实现资源与信息共享，降低建设成本，形成高水平创新资源整合共享服务平台，提高创新资源整合共享的合作效率。

5.6 "智能+"品牌质量社会监管

当前，互联网引发的第四次传播革命正在解构国家对传播权力的垄断，为中国社会开辟了新的权力空间和表达空间，使传播力量由国家转移到社会。新兴媒体与生俱来的技术活性、星罗棋布的信息节点以及病毒式传播，打破了传统社会中自上而下的科层制组织结构，通过网络重构行动中心、拓展话语中心和重建舆论中心。互联网技术环境下的新媒体具有惊人的破茧能量，它能摆脱来自社会制度和资本的控制，凭借着移动性、碎片化、融合性的特点，对社会热点进行多维度多角度的解读，使那些曾经远在传播权力之外的"沉默的大多数"获得了空前的权力。以往在线下社会得不到的自由和权力，会转向网络空间寻找替代性补偿。因此，通过建立品牌质量社会网络智能监管，能够有效地发挥社会舆论的监督力量，对企业的品牌质量进行有效的社会监督。

5.6.1 "智能+"品牌质量社会监管作用

1. 让公众拥有更充分的知情权和发言权

互联网的发展改变了以往公众只能通过官方媒体的宣传获取相关信息的状态。由于互联网信息承载量大，没有传统媒体在内容、时间与空间上的限制，使得公众能够方便快捷地汇总多元化的信息，满足不同公众的浏览需求。同时，网络的时效性让公众仿佛置身于现场。传统媒体的报道常常会出现滞后的问题，即使是电视报道也需要采访、拍摄、编辑等一系列工作后才能向公众播放，距离事件发生可能已经有几个小时甚至几天的时间。而网络最大限度地消除了时间的间隔，使得报道呈连续、不间断、同步更新的状态。这使网民在任何时候、任何地点上网都能获得第一手的信息资料。因此，从某种意义上看，公众的参与改变了网络新闻报道的形态。通过对企业品牌质量等相关新闻事件的讨论、交流甚至是争锋，公众的意见能快速地整合成社会舆论，甚至在某些时候能够影响到该新闻事件的进程。因此，网络实际上是为公众提供了一个公开讨论的公共领域。

2. 网络降低了公众参与监督的门槛

以往，公众的言论想通过媒体表达出来，要采取信函、电话的方式，这就牵涉到一个成本问题。电话费、邮费等虽然花钱不多，但也阻碍了一些弱势群体的声音，同时稿件还要经过层层严格"把关"和等待发表时机，更加缩小了该言论的群体代表性。在网络环境下，任何人都可以通过网络媒介迅速地发表自己的意见、看法，并把它们传播到任何地方。此外，基于TCP/IP协议的网络分组交换技术使得网络传播表现出非中心化的特征。这些技术特点不仅使网民可以对新闻事件及时方便地发表评论，还使意见的传播者可以随时发现他人对意见的反馈和再评论，从而顺利实现意见的交流和自由碰撞，并最终促成网络舆论的形成，可以对企业品牌质量问题起到监督警示作用。

3. 网络的隐匿性和安全性有效提高公众真实意愿的表达

在传统媒体上表达个人意见和评论通常要署真实姓名，有时还需要提供单位信息和个人身份，由于个人信息的充分暴露，会使发言人由于担心遭受打击报复或个人言论带来的负面影响而谨慎从事，有时甚至矫饰本意。而网络言论由于匿名的保护作用，往往代表了发言人最直接的个人感情，网上的意见常常是发自网民内心的声音。公众可以任意在网络论坛和新闻网站发表评论、跟帖，这是应用最早、最广泛的方式之一。网民可以取任何一个名字在网站和论坛里发表言论，没有人会探究你是谁，你是干什么的，大家平等地交流看法，即使是意见分歧、发生争论，也是各抒己见、平等交流。对于社会上出现的企业产品质量问题等事件，大家可以直言不讳地进行批评，不必拘泥于自己的身份、地位，不用担心被人识破身份而遭到报复。同时，公众还可以在自己的社交媒体上发表自己的看法观点甚至文章。很多网络文章弥补了关于公共管理部门监督的缺失，给人们的生活工作提供了便利和帮助。

5.6.2 "智能+"品牌质量社会监管对策

1. 构建良好的品牌质量网络监督运行机制

（1）构建品牌质量社会网络监管信息互动机制。为推动社会组织信用体系建设，完善社会组织信息发布制度，应该通过出台政策进一步规范社会网络监管管理，让职能管理部门和社会监督主体在清楚和了解社会网络监管的前提下，实施有效监督。同时，增强互联网信息平台建设，运用"互联网＋社会监督"、移动 App 和"双微"等信息化、"智能＋"的方便快捷渠道向社会公众提供公共产品服务、社会公益服务等查询监督平台，实现线上交流，由此带来良性信息互动，促进社会公众参与社会组织监督。

（2）建立网络舆论的沟通协调机制。网络舆论监督最重要的就是要保证舆论信息传递渠道的畅通，政府会逐步减少对网络舆论不必要的干涉，以积极的心态看待网络舆论的监督，善于和网民进行交流，并建立和网络舆论的沟通协调机制。第一，政府部门会和网民打交道，和新媒体打交道，建立良性互动机制。第二，要建立信息公开平台，积极主动地开展网上座谈会、网络在线交流会等，并邀请网民参加，及时公布有关企业品牌的舆情信息，让网民及时了解相关动态，给网络舆论监督提供便利，开辟网上网下的互动新模式。对于网络舆论中反映的不实信息，特别是一些负面报道，要及时澄清并纠正，主动征求网民的意见和建议，加深沟通交流。

（3）建立健全网络舆论反馈机制。加强社会网络舆论对企业品牌监督必须注重其社会效果，因此要建立和健全网络舆论监督的信息反馈机制。同时，还应该考虑建立包括网络舆论监督的渠道和方式、网民意见和建议等信息收集的渠道和方式。

- 对于网络上批评和揭露的关于企业品牌质量问题等行为，政府及相关部门要及时进行调查分析，及时采取行动进行查处，在职权范围内依法进行解决，并及时在网络上将解决问题的过程和结果等情况进行通报。
- 逐步建立健全地方政府的网络舆论发言人制度，对影响较大的事件，由负责处置的主管部门发言人主动配合网络舆论进行宣传，积极主动地从正面引导舆论，促进网络舆论作用的发挥。

- 在涉及政府及相关部门的事务中，应主动公开报道，及时将处理结果反馈给社会公众，做到有始有终。对于出现被曝光企业敷衍了事、态度恶劣或打击报复举报人的情形，应追究相关责任人的责任，这样才能充分发挥社会网络舆论监督的威慑力。

（4）加强网络舆论管理机制的建设。政府及相关部门要加强对网络舆论信息资源的整合力度，对于网络舆论监督中信息的采集、审理、传递等进行及时分析和管理，建立专门的网络舆论信息管理部门；对于涉及地方政府及相关部门的舆论信息要及时进行处理，查明情况，防止蓄意炒作，努力消除负面影响。同时，对于网络舆论中的不实信息，要及时澄清，积极和网民进行沟通，在对网络舆论监督进行引导和监测、反馈的同时，加大对网络舆论的管理力度，防止网络暴力等问题的出现，使得网络舆论可以以正确的方式进行传播，切实有效地发挥网络舆论监督的力量。

2. 加强宣传，培育网络舆论监督的思想氛围

（1）革新网络舆论监督的社会观念。网络舆论监督是社会监督的新方式和新平台，网络舆论监督在推进社会公平与正义，推动社会民主与法治进步方面所发挥的重大作用是社会文明进步的体现。网络能够迅速地收集舆论信息，满足社会对于地方政府及相关部门行使公共权力的监督。要逐步转变以往社会对于网络舆论监督的陈旧观念，社会作为监督主体，应该提升对网络舆论监督的信心。同时，社会公众应该积极主动投身于网络舆论监督中，积极维护自身的监督权，对于企业的不良行为要积极运用网络舆论监督平台进行监督，充分体现社会监督的力量。在面对网络暴力等现象时，要充分发挥社会力量，积极引导公众，正确行使监督权，采取正确的方式进行网络舆论监督。对于网络舆论监督社会观念的转变，有利于形成正确的价值引导，充分发挥网络舆论监督在促进社会公平与正义、推动

民主与法治以及依法治网的建设。

（2）转变网络舆论监督的个人观念。网络舆论监督能够保障人们的知情权、参与权和监督权等基本权利。对网民个人来说，要转变以往对于企业品牌与质量监督的被动态度，积极主动地通过网络舆论进行监督，充分表达自己的意见和建议。一方面要积极学习网络知识，学习运用网络媒体对企业行为进行监督，敢于面对新媒体带来的冲击，积极迎接挑战，积极学习网络语言等。另一方面要适当转变思维观念，改变以往对网络舆论的抵制情绪，理性对待网络舆论监督，对于网络舆论要始终采取积极的、正确的态度，重视网络监督，积极通过网络了解舆情，不断提高自身的监督能力，保障自身的知情权和监督权。

（3）提高政府对于网络舆论监督的重视程度。互联网已经成为舆论监督的重要阵地，政府及相关部门要提高对网络舆论监督的认识，重视网民的意见和建议，逐步提高和强化公众的知情权、参与权、表达权和监督权。第一，政府要充分重视网络舆论的社会传播作用，针对网民对涉及企业不良行为所提出的质疑和批评，要采取积极主动的态度，及时公布有关事实的真相，将那些不实的报道及时进行澄清。第二，政府要建立专门针对网络舆论监督的机构，及时收集和处理网络舆论，并及时向网民和社会公众反馈处理意见，发挥监督的效力，提升自身的工作水平和工作效率。第三，政府要创造良好的舆论监督环境，积极推动互联网的建设和网络知识的普及，善于利用网络舆论监督的力量，把网络作为自己体察民情、吸取民智以及和网民友好沟通交流的平台，从而不断提高自己的领导能力和执政水平。

（4）构建品牌质量社会网络监管行为绩效评估机制。建立社会监督行为绩效评估信息系统，利用互联网平台收集信息数据，形成专门的评估信息系统，实现线上线下融合，提高信息透明度，构建社会监督活动状况和效果的信息反馈渠道和方式。同时，建立科学的对社会监督的绩效评估指标体系。绩效指标不仅要包括社会监督的目标、计划、方法和总结，还可以借鉴互联网思维特征中的"注重用户体验"，将社会监督产生的效能和受益方满意度作为考量标准。不同的社会监督主体其指标应各有不同，最终形成一个指标体系。

3. 推进传统媒体舆论监督与社会网络监督的充分结合

虽然当今已经处于网络社会时代，社会网络舆论监督来势汹汹，但是传统媒体舆论监督的作用亦不容忽视，传统媒体依然有其重要的地位。传统媒体应该在社会网络舆论快速发展的时代，充分利用自身的优势，与社会网络形成优势互补，共同为我国舆论监督事业添砖加瓦。

（1）观察舆论动态，做好议程设置。舆论无时无刻不被多种因素所影响和制约，因此舆论是处于不断变化之中的。就某个重大事件来说，事态的发展进程随时都会直接影响到舆论的发展方向，但是面对一些突发的重大新闻或事件时，由于社会网络舆论监督的自身特点，无法对事态进行正确把握，这就有可能引起舆论监督的偏差，进而对社会造成一些负面影响。

此时，传统媒体的优势便显现出来。传统媒体往往会对事件进行深入调查，能够更加理性地思考事件的本质，不仅要在事实层面对舆论监督事件进行全面的把握，更要在理性层面对舆论监督事件进行分析与思考。在面对舆论监督事件时，无论从高度上还是深度上都要引领舆论思考，这就需要传统媒体注意观察舆论动态方向，抢占媒介间议程设置先机。因为有着丰富的专业知识和工作经验，在传统媒体中工作的职业媒体人与一般网民相比，其对新闻的敏感度是异常强大的，他们能够透过舆论的表面现象洞察舆论的实质内容。因此，传统媒体要细心观察舆论动态，在舆论事态突变时，要积极做好应对措施，在保证舆论监督内容质量的情况下对舆论监督走向进行积极引导。

传统媒体要想做好议程设置，需要从以下两个方面入手。第一，调整议程设置形式。可以通过设置吸引人的题目、头版头条、一手图片等形式，来吸引公众的舆论关注度，进而发挥传统媒体的优势，引导舆论向正确的方向发展。第二，加强议程设置内容。议程设置的内容可以决定其结果。传统媒体可以运用其自身优势，对舆论事件进行相关的调查与评论。在对相关事件进行报道时，可以通过增加报道的频率、广度、深度这些方面对议程设置进行强化与深化。这样就能将新媒体舆论监督的范围掌握在可控范围内，也不会让舆论监督出现过多负面影响。

（2）加强优势互补，形成监督合力。尽管在社会网络时代传统大众媒体受到了一定的冲击，但是传统媒体依然有其优势和重要地位。社会网络舆论监督虽然凭借其自身的优越性占领了新闻线索的制高点，然而从某种程度上说，传统媒体与新媒体有着一致性。这种一致性表现为：新媒体与传统媒体在实质上都可以被认为是一种信息传播的载体，区别在于它们的传播所依赖的是不同的技术，这就导致它们在信息的传播上有着各自不同的特征。

传统媒体为了提高内容的质量，会不惜运用各种资源，因为对传统媒体来说，内容决定一切，内容体现生产力。虽然社会网络舆论在传播的速度和范围方面有着自身的优越性，但是要把线索生产为新闻产品，把支离破碎、参差不齐、真伪并存的网民或手机用户自己生产的信息加工成专业的具有权威性的真实新闻，必须要由传统媒体完成。因此，传统媒体的助推对舆论监督的整体发展依然具有重要的作用。传统媒体的内容是有权威性的，这主要来自多年的品牌经验。因此对传播内容的深度把握可以使传统媒体在当今时代依旧保持优势地位。综上所述，传统媒体角色并未弱化，当舆论监督事件在社会中引起大范围的讨论后，传统媒体需要积极发挥其优势作用，与社会网络形成互补，共同为我国舆论监督的事业贡献力量。

第三篇

"智能+"制造企业赋能方法

无数的企业家不仅每天面对财务报表，还要操心生产过程；不仅自己操心企业，还操心下一代对企业的管控。让自己的大脑得到释放，可以更自如地掌控工厂，这是诸多企业家的梦想。"智能+"制造为企业家的梦想提供了实现的机会，企业家们追求实现这个梦想恰恰也是"智能+"与制造业结合的最佳契机。本篇阐述了"智能+"制造后能为企业解决什么问题、怎样解决问题的一条赋能路径。包括构建"智能+"赋能制造业方法体系，按照"互联网+""大数据+""人工智能+"赋能制造业三个主题，围绕赋能场景、路径选择和效用评价三个主要方面进行阐述。

第 6 章

"智能+"制造企业赋能方法体系

本章介绍了"智能+"赋能制造的总体框架,从原理方面阐述了"智能+"赋能制造的动力机制,以及赋能目标、形式、方法和评价的表达方式,并对"智能+"赋能制造起支撑作用的相关技术方法也进行了较为详细的阐述。

6.1 "智能+"赋能方法总体框架

"智能+"赋能制造业除了能助力制造模式创新、衍生新业态之外,主要应用实体场景为智能工厂,以满足大规模定制、个性化定制、跨区域网络化协同制造等智能制造需求,以推动制造业人—机—物三元融合的智能协同制造为重要方向。依其技术体系进行划分,可以将"智能+"赋能制造方法归类为"互联网+""大数据+""人工智能+"三大方法体系。图6-1 归纳出了一种新的"智能+"赋能方法总体框架。以推动传统业态向新零售、新制造、新服务转变，牵引先进制造业总体目标的实现，通过智能工厂、智能生产、智能产品、智能服务和新零售方法将对生产端与消费端进行重塑和连接，形成链式结构，实现价值链攀升的具体目标。"智能+"赋能方法体系包括赋能之路和主要技术方法两部分：赋能之路主要围绕"智能+"所涵盖的"互联网+""大数据+""人工智能+"三个层面，通过连接与重构产业链、大数据分析和智能化应用进行赋能的基本方法和三条路径；技术方法指的是支撑"智能+"赋能的底层技术，主要包括数字孪生、企业上云和工业大脑。

- 数字孪生是在"互联网+""大数据+""人工智能+"不同层面对现实生产过程的数字化重构，从连接关系、生产数据和生产知识三个维度，实现现实世界（物理世界）与数字制造（虚拟世界）一对一映射。
- 企业上云主要指企业各类系统平台连接上云，在"互联网+""大数据+""人工智能+"不同领域进行云端赋能处理。
- 工业大脑是实现"智能+"赋能的核心技术方法，涵盖"互联网+""大数据+"和"人工智能+"三个领域的全面智能化。

"互联网+"（涵盖"物联网+"）赋能方法的要义在于连接，即企业上云，通过连接生产者与消费者，连接上下游企业，连接机器与机器（M2M），由连接构成网络，实现对产业链的重构和业态的改变。具体而言，在"互联网+"赋能方法上，从形而上的层面来看，是进行业务重组、产业链重构、产业业态重塑所对应的一系列"互联网+"的管理新方法、新理念和新思维。从形而下的层面来看，是连接背后对应的具体技术手段，包括互联网、5G移动互联网、物联网等。从赋能的目标来看，它直指制造业具体场景的连接，包括对订单分解、产品设计、瑕疵检测、目标决策等场景的连接，是实施"大数据+"和"人工智能+"原材料采集的基础，也是智能化指令传递的通道。

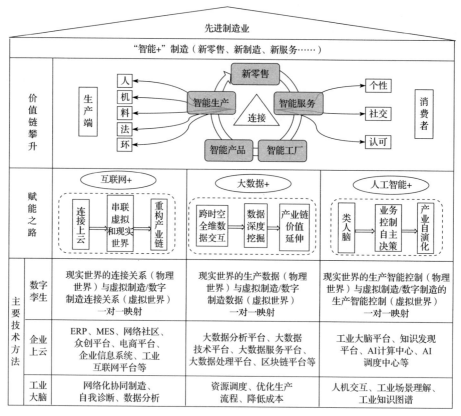

图 6-1 "智能+"赋能方法总体框架

"大数据+"赋能方法的要义在于跨时空，全维数据的采集、融合、治理和智能应用，通过对数据的深度融合与挖掘，进而实现产业价值链的延伸。具体而言，在"大数据+"赋能方法上，从形而上的层面来看，它改变了传统企业生产、决策依靠经验数据、小样本调研数据、事后数据的被动模式，已构建起数据驱动的新的生产管理范式，也就是制造业领域的第四范式，"大数据"思维成为其方法之神。从形而下的层面来看，是大数据分析背后的具体技术手段的应用，包括对各类大数据分析、挖掘技术的应用，以及 Hadoop、超算等软硬件设备的支撑。从赋能的目标来看直指精准化、个性化定制的制造模式。

"人工智能+"赋能方法的要义在于依托深度学习、类脑学习、知识驱动下的自主生产，通过类人智能对人的主观经验、客观规则、历史数据等一系列经验与规则的学习，进而实现产业的自主迭代与升级。具体而言，在"人工智能+"赋能方法上，从形而上的层面来看，它是对人脑功能在制造业的延伸，就如蒸汽机的出现延伸了人手与人脚的功能。"人工智能+"改变了传统制造业缺乏全局与全维视角的科学思考、分析、决策的被动局面，不仅可以在小场景下实现自主分析与优化控制，更可以从全工厂、全产业链等大场景中实现自主分析与优化控制，让人脑的功能首次可宽尺度、大场景下进行产业的思考、重塑与演进。从形而下的层面来看，是近年来飞速发展的人工智能技术对制造业的支撑，包括对图像、视频、语音、文字、非结构化生产数据等一系列各类数据的智能分析与自主知识发现，它是"智能+"赋能的最高层次方法。

本篇后续内容将进一步对所涉及的支撑技术方法进行详细的介绍，也包括"互联网+""大数据+""人工智能+"在赋能制造中的相关原理，并结合具体企业案例对"智能+"赋能制造业的方法应用进一步展开分析。

6.2 赋能的构成要素

如图 6-2 是赋能之路的框架。"智能+"赋能始于工业场景，通过"大数据+"实现经验迁移与知识发现，再依托人机融合的专家智能实

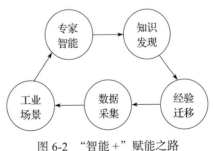

图 6-2 "智能+"赋能之路

现对工业场景的响应，形成闭环，循环往复。在"智能+"赋能的循环过程中，降低不确定性影响是重要的约束条件和追求的更高目标。

6.2.1 赋能动力来源

当前制造业的主要需求正由传统的大规模标准化生产转变为跨区域网络化协同制造背景下的个性化定制模式，即 C2M 智能制造模式。该模式需要在制造过程中进行跨区域企业间的协同制造，将制造过程与业务管理系统进行深度集成，以实现对制造资源的共享与智能匹配、生态资源的聚合优化配置，从而实现智能制造，达到个性化定制生产的目的。

个性化定制相对原有的标准化生产，更为强调其产品对消费者千差万别的个性化需求的逐一满足。支撑大规模生产的核心技术是流水线，如图 6-3 所示，它解决了工业时代前人类所面临的许多无法解决的问题，有着重要的历史意义。

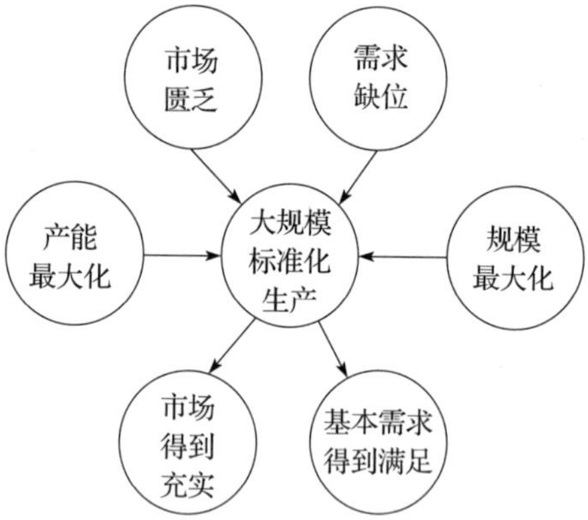

图 6-3 大规模标准化生产

大规模标准化生产是工业革命开始后的进步，在当今过剩的经济环境下，个性化定制成了人类追求品质生活的主流需求。既要满足个性化需求，又要有规模效应，使成本不至于升高太多，这是 C2M 个性化定制需要解决的主要瓶颈问题。随着互联网、大数据、人工智能等新兴技术的迅猛发展，对传统工业时代的标准化生产进行升级，满足大规模定制、个性化生产的需求，已上升为当下企业变革、科技革新的第一推动力，也是当前生产关系下的主要矛盾。C2M 个性化定制背后不仅有着消费者个性化需求的原始推动，更获益于互联网、大数据、人工智能等"智能+"技术的迅猛发展，使得对C2M个性化定制的响应比以往任何时候都显得更为可行、切实。其中，尚品宅配、酷特智能等C2M个性化定制的成功案例就是通过"互联网+"解决了定制化与规模化的矛盾。"大数据+"和"人工智能+"也是该模式得以推广普及的利器。

如图6-4所示，C2M个性化定制包括四要素：目标、定位、伙伴、对象。其中，目标是C2M个性化定制的方向，即具体定制任务；定位是C2M个性化定制的战略取向；对象主要指C2M个性化定制所服务的消费者群体；伙伴特指C2M个性化定制下上下游合作企业和组织。

图6-4 C2M个性化定制基本要素

C2M个性化定制的核心在于对需求端、生产端的持续动态改进。然而，当下C2M个性化定制还未成为普适性的生产方式。人机融合、协同智能生产正以滔滔之势奔流而来，与新的大规模社会化生产关系的结合显得比以往任何时候都更为迫切。C2M个性化定制正是这百年未有之大变局下在生产力层面的集中体现，如图6-5所示。

在这一新变局下，首次将消费者心中所需与生产资料的生产工具进行了无缝连接。在图6-5中，左边连接的是消费者差异化的个性需求，右边连接的是生产资料中最基本的生产单元，"智能+"技术作为支撑。其中，"互联网+"的相关技术连接了设备的生产、消费者的需求；"大数据+"得益于云计算与"互联网+"所连接产生的大规模机器和人的数据，比以往任何时代都能更为精细地刻画人的动态需求、机器的实时生产状态，也具备了对未来态势前瞻性呈现的能力；"人工智能+"大大延伸了人脑的功能，使得人—机—物三元融合场景下的制造能快速决策、响应，类人智能加上人类智能共同掌控生产与销售。

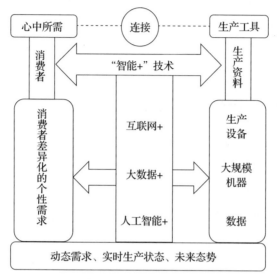

图 6-5 "智能+"连接需求与生产资料

6.2.2 赋能目标

"智能+"赋能的核心目标是在保证总绩效最大化下实现对人、机、物投入的精细化管控。总绩效目标可以理解为单位时间内对企业运营管控需求的响应输出，单位时间内响应能力越强，其总绩效越好。简言之，在较短的时间内尽可能多地满足企业制造需求，并且投入的人力、机器、物料资源尽可能变少，这就是"智能+"赋能的核心目标约束，也是总绩效目标约束。

在上述总绩效目标的约束下，"智能+"通过整合传统的企业生产中的"人、机、料、法、环"五要素，构建价值发现、价值传递、价值创造的价值实现体系。这是对核心目标的形式化表示，如图 6-6 所示，达到人、机、物协同与效益最大化。

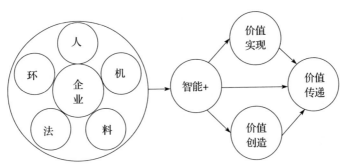

图 6-6 基于"智能+"的价值创造模式

6.2.3 赋能方法

人—机—物协同融合就是综合应用物联网、5G 新一代无线通信、移动互联网、大数据、人工智能等"智能+"技术，使物与物、人与物之间实现互联和互通，并通过协同仿真、分布计算、跨平台管控等智能处理技术实现人与万物的协同工作，将人的联想、推理、反馈、学习、理解等能力与机器的搜索、作业、推理、学习等能力相融合。智能工厂能够实现价值创造的关键是在制造业复杂场景下的生产计划、质量管控、设备维护和制造执行等应用管理层面进行人—机—物三元协同与融合，为"智能+"赋能制造业提供底层技术引擎。人—机—物协同融合是更高层面的"智能+"连接，它连接了横跨虚拟、现实的人类社会、虚拟空间、自然空间、机器物理空间，促使多维空间上的联通互动、数字孪生、虚实交融，从而形成以人为中心的人—机—物三元融合的协同工作场景。

从"智能+"赋能视角看，人—机—物协同融合主要关注于通过人机交互实现人类智慧与人工智能的结合，从这个意义来看，也是"人工智能+"赋能的体现。人机协同智能意味着人脑和机器完全融合为一体，解决了底层的信号采集、信号解析、信息互通、信息融合以及智能决策等关键性技术问题，使人脑和机器真正地成为一个完整的系统。其中，从"智能

+"赋能中对人类智慧的数字孪生表达来看有多种方式，当前主要以数据形式来表达，即通过使用人类智慧形成的数据训练机器智能模型来达到人机协同的目标。这种协同方式通常采用离线融合的方式，即人类智慧不能实时地对机器智能进行指导和监督。

1. "互联网+"赋能方法

"互联网+"（含"物联网+"）赋能重在连接，包括连接制造过程中的经理、一线操作人员等各类角色；连接机器与机器（Machine to Machine，M2M）；连接人与机器，人机交互与共融；连接虚拟与现实，数字孪生。在"智能+"赋能核心目标的约束下，依托"互联网+"技术进行赋能过程中，找到制造过程中由人—人、机—机、人—机等节点形成的网络生态中所缺失节点的内在逻辑，利用互联网（含物联网）技术手段构建连接，使这些缺失的节点得以更为高效地连接。通过连接，让决策、控制信息可以跨过断点更为有序地流转，进而使制造生态系统的运转整体上更为有序、高效，满足生产管理、控制、决策、调度需要。

以"人—人"为例，在制造业企业中已经出现一种"互联网+"连接形式，如生产线操作员与企业老板的连接，通过汇集来自操作员的生产线状态数据，企业老板可以更为全面及时地掌控订单完成情况、故障率情况等。

如图6-7所示，一种常规的"互联网+"赋能方法可以描述为：连接上云——串联虚拟和现实世界——重构产业链。赋能的第一阶段是企业连接上云，关键是形成对制造复杂网络的全面连接；第二阶段是串联虚拟和现实世界，这是在第一阶段连接的基础上实现的，通过网络把企业物理系统与计算机仿真系统打通；第三阶段是重构产业链，也是目标，

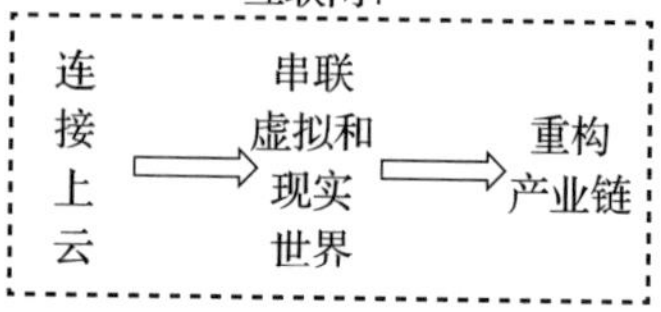

图 6-7 "互联网+"赋能方法

通过第一、第二阶段的工作促使产业链在更高水准上实现重构，包括价值传导、利益分配等。

2. "大数据+"赋能方法

"大数据+"赋能重在数据交互与价值发现，复制制造过程中的人—人、机—机、人—机在交互过程中产生的跨时空全维数据。既有来自人、机、物的节点（node）与状态属性（attribute）数据，还有人、机、物交互连接形成的连接关系（linkage）数据，由 node—attribute—linkage 进而形成复杂高维的万物互联数据。碎片化的数据本身并不能给制造带来任何价值，实现价值的关键在于这种跨时空全维数据背后所隐藏的制造知识。在"智能+"赋能核心目标的约束下，依托"大数据+"技术进行赋能过程中，挖掘到制造过程中由人—人、机—机、人—机等复杂交互行为下包括人、机、物在内的各节点的属性，并且通过大数据分析技术手段实现人、机、物各节点属性知识的复制与传递，使得制造生态系统中人、机、物的连接更为有序、协同。通过人、机、物各节点属性知识的复制与传递，让决策、控制信息可以跨过制造生态系统中的断点实现更为有序的流转，进而使制造生态系统的运转整体更为有序、协同，以便满足生产管理、控制、决策、调度需要。

制造知识不仅有来自人的主观经验，包括资深操作人员、管理人员的经验，也有来自客观制造过程背后的机理等，当前知识的主要复制与传递形式为知识图谱。

如图 6-8 所示，常规"大数据+"赋能方法可以描述为：跨时空全维数据交互——数据深度挖掘——产业链价值延伸。赋能的第一阶段是跨时空全维数据交互，关键是形成对制造过程中各场景、各维度

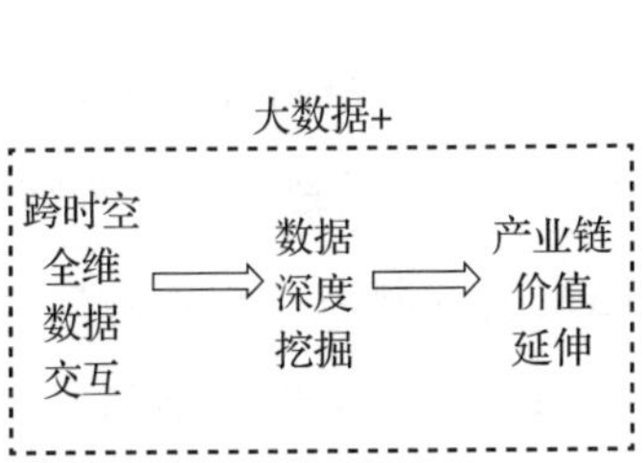

大数据+

跨时空全维数据交互 ⇒ 数据深度挖掘 ⇒ 产业链价值延伸

图 6-8 "互联网+"赋能方法

数据的融合，实现制造实体、概念的对齐；第二阶段是数据深度挖掘，这是在第一阶段融合的基础上实现的，关键在于知识自主发现与轻量级构建；第三阶段是产业链价值延伸，也是目标，通过第一、第二阶段的工作促使知识在制造各环节、各流程的复制，从而实现产业链在更高水准上的价值延伸和高端攀升。

3. "人工智能+"赋能方法

"人工智能+"赋能重在赋予制造业以工业大脑，让制造过程可以自主思考，自主调控制造过程中的人—人、机—机、人—机的交互关系，从而自主实现"智能+"赋能核心目标。这种工业大脑可大可小，其核心在于拉近生产线与摄像传感的距离、协同异构机械手的步调，实现感知即调控，是在"互联网+"与"大数据+"赋能基础上的进一步提升，是"智能+"最高赋能形态。在"智能+"赋能核心目标的约束下，依托"人工智能+"技术进行赋能过程中，创建自主调控制造生态系统中人—人、机—机、人—机等复杂交互关系的工业大脑，并且通过人工智能技术手段实现人机的高度融合、生产的自主掌控，使得制造过程更为智能、协同。通过对人、机、物复杂交互关系的自主调控，让决策、控制信息可以跨层、跨域智能流转，进而使制造生态系统的运转整体更为有序、智能，满足生产管理、控制、决策、调度需要。

如图6-9示，一种常规的"人工智能+"赋能方法可以描述为：类人脑——业务控制自主决策——产业自演化。赋能的第一阶段是"类人脑"构型，关键是面向复杂制造过程构建跨场景的智能分析生态系统，实现制造过程的智能协同；第二阶段是业务控制自主决策，这是在第一

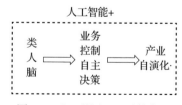

图6-9 "互联网+"赋能方法

阶段类人脑构型的基础上实现的，关键在于轻量级工业大脑的构建；第三阶段是产业自演化，也是目标，通过第一、第二阶段的工作促使面向制造各环节、各流程的自主智能的创建，从而实现产业自演化，即企业可以在一定程度上实现自组织管理和控制，从而打破以往全部依赖人类智能的传统方式。

6.2.4 赋能评价

"智能+"赋能效用评价主要基于本章的"智能+"赋能核心目标进行评价。重点对企业实施"智能+"赋能后对订单的响应能力的提升，以及获得这种提升所增加的人、机、物及成本的投入进行综合评价。对比企业实施"智能+"赋能前后订单响应能力的改变，并对这种改变所获得的价值增益进行测度，需要构建相应的测度与评估指标模型。同时，采用新的会计核算机制，重点核算知识资产在内的具有数字经济特点的人、机、物投入的变化。具体的效用评价方法见后续章节的相关内容。

6.3 技术支撑方法

图 6-1 总体框架中的赋能方法主要集中在赋能之路和技术方法两层。其中，赋能之路是本篇的重点，相关内容将在后续章节论述，本节阐述技术支撑方法。

6.3.1 数字孪生

根据《工四 100 术语》编写组的定义，数字孪生（Digital Twin）是充分利用物理模型、传感器更新、运行历史等数据，集成多学科、多物理量、多尺度、多概率的仿真过程，在虚拟空间中完成映射，从而反映相对应的实体装备的全生命周期过程。它是一种超越现实的概念，可以视为一个或多个重要的、彼此依赖的装备系统的数字映射系统。起源于早期提出的数字工厂,普遍采用虚拟现实、增强现实、数字仿真等技术手段。例如,美国国防部最早提出把数字孪生技术用于航空航天飞行器的健康维护与保障,主要内容包括在数字空间建立真实飞机的模型,通过传感器实现与飞机真实状态完全同步,这样每次飞行后,根据机械结构现有情况和过往载荷及时分析评估是否需要维修,能否承受下次的任务载荷等。

数字孪生是物理产品的数字化影子,通过与外界传感器的集成,反映对象从微观到宏观的所有特性,展示产品生命周期的演进过程。当然,不止产品,生产产品的系统(生产设备、生产线)和使用维护中的系统也要按需建立数字孪生。数字孪生贯穿了整个产品生命周期,实现了涵盖产品设计、生产、运维各环节的无缝集成。它更像是智能产品的概念,强调的是从产品运维到产品设计的回馈,能够在这个数字化产品上看到实际物理产品可能发生的情况。

数字孪生是构成虚拟智能工厂,实现跨区域网络化协同制造的关键技术,唯有在数字孪生的基础上才能更好地连接传统工厂边界下的终端生产资源——生产线,从而实现对传统工厂边界的突破,达到更大范围内的跨区域网络化协同制造。本书"智能+"赋能方法体系分别对应"互联网+"层面的现实世界连接关系与云端虚拟制造连接关系的一对一映射,现实世界的生产数据与云端虚拟制造数据的一对一映射,以及现实世界的生产智能控制与云端虚拟制造的生产智能控制的一对一映射,如图6-10所示。

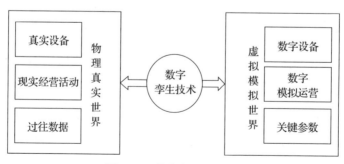

图6-10 数字孪生示意图

实现数字孪生的许多关键技术都已经开发成熟，比如多物理尺度和多物理量建模、结构化管理、高性能计算等，但实现数字孪生需要集成和融合这些跨领域、跨专业的多项技术，从而对装备的健康状况进行有效评估，这与单个技术发展的愿景有着显著的区别。因此，数字孪生这样一个极具颠覆性的概念在可预见的未来很难实现理论、技术、框架、产品等的成熟体系。美国空军研究实验室（AFRL）2013 年发布的 Spiral 1 计划就是其中重要的一步，已与通用电气和诺斯罗普·格鲁曼公司（Northrop Grumman）签订了 2000 万美元的商业合同以开展此项工作。计划以现有美国空军装备 F15 为测试台，集成现有最先进的技术，与当前具有的实际能力为测试基准，从而标识出虚拟实体还存在的差距。当然，对于数字孪生这么一个好听好记的概念，许多公司已经迫不及待地将其从高尖端的领域拉到民众的眼前。

数字孪生的应用非常广泛，可以用于一个工厂的厂房及产线建设规划，即在没有建造之前就完成数字化模型，从而在虚拟的赛博（CPS）空间中对工厂进行仿真和模拟，然后将真实参数传给实际的工厂建设。厂房和产线建成之后，在日常的运维中二者继续进行信息交互，所有可能影响到装备工作状态的异常将被全面考察、评估和监控。同时数字孪生可以收集传感器数据、历史维护数据，以及通过挖掘而产生的相关派生数据。通过对以上数据的集成应用，数字孪生可以持续地预测装备或系统的健康状况、剩余使用寿命以及任务执行成功的概率，也可以预见关键安全事件的系统响应，进行模拟仿真，通过与实体的系统响应进行对比，揭示装备研制中存在的未知问题等。数字孪生可能通过激活自愈的机制或者建议更改任务参数来减轻损害或进行系统的降级，从而提高寿命和任务执行成功的概率。

PLM 厂商 PTC 公司将数字孪生作为主推的智能互联产品的关键性环节，智能产品的每一个动作，都会重新返回设计师的桌面，从而实现实时的反馈与革命性的优化策略。数字孪生赋予了设计师们全新的梦想，正在引导人们穿越那虚实界墙，在物理与数字模型之间自由交互与行走。

数字孪生最为重要的启发意义在于它实现了现实物理系统向赛博空间数字化模型的反馈。这是工业领域中逆向思维的一个壮举，只有对带有回路反馈的产品进行全生命周期跟踪，才能真正实现全生命周期管控的概念，真正在全生命周期范围内保证数字与物理世界的协调一致。基于数字化模型进行的各类仿真、分析、数据积累、挖掘，甚至是人工智能的应用，都能确保它与现实物理系统的适用性，这就是数字孪生对智能制造的意义。智能系统的智能首先要感知、建模，然后才是分析推理。如果没有数字孪生对现实生产体系的准确模型化描述，所谓的智能制造系统就是无源之水，无法落实（庄存波等，2017）。

数字孪生是当今制造业最热的新词之一，是智能时代制造业将会普遍采用的制造模式之一，也是"智能+"赋能制造的重要技术方法之一。

6.3.2　云计算

企业上云的支撑技术就是云计算（Cloud Computing），其定义有多种说法，现阶段广为接受的是美国国家标准与技术研究院（NIST）的定义：云计算是一种按使用量付费的模式，这种模式提供可用的、便捷的、按需的网络访问，进入可配置的计算资源共享池，资源包括网络、服务器、存储、应用软件、服务等，这些资源能够被快速提供，只需投入很少的管理工作或与服务供应商进行很少的交互。

云计算的这种特点赋予了泛在连接的可能，使得计算与资源像"云"一样，随时随处可以播洒雨露。在云计算之前，"互联网+"在实现连接时依赖一个个独立分布存在的服务器，信息化建设的"烟囱"与条块现象在各行各业都非常突出。随着云计算的出现，中小企业通过连接上云摆脱了传统的自建服务器和数据中心的传统模式，为企业内部、企业之间的泛在连接提供了技术支撑。

这种云如果单独部署在企业内部就被业内称为"私有云";如果进行跨企业的支撑和服务,如阿里云,则被称为"公有云"。从技术实现来看,云计算是分布式计算(Distributed Computing)、并行计算(Parallel Computing)、效用计算(Utility Computing)、网络存储技术(Network Storage Technologies)、虚拟化(Virtualization)、负载均衡(Load Balance)、热备份冗余(High Available)等传统计算机和网络技术发展融合的产物,其中虚拟化扮演着关键角色。由于虚拟化技术使得物理层面独立的服务器资源成为虚拟衍生层的云资源,而分布式计算、并行计算则保障了原有独立的服务器资源在云架构下能成为一个整体的存储、计算资源。云计算的这种架构特点使得计算能力也可以作为一种商品进行流通,就像煤气、水电一样,取用方便、费用低廉。具体而言,它呈现了下述特点:

第一,超大规模和高可扩展性。"云"具有相当的规模,谷歌云计算已经拥有上百万台服务器,Amazon、IBM、微软、Yahoo等的"云"均拥有几十万台服务器。企业私有云一般拥有数百上千台服务器。"云"能赋予用户前所未有的计算能力。"云"的规模可以动态伸缩,满足应用和用户规模增长的需要。

第二,虚拟化和按需服务。云计算支持用户在任意位置使用各种终端获取应用服务。所请求的资源来自"云",而不是固定的有形实体。应用在"云"中某处运行,但实际上用户无须了解、也不用担心应用运行的具体位置,只需要一台笔记本电脑或者一个手机,就可以通过网络服务来实现需要的一切,甚至包括超级计算这样的任务。"云"是一个庞大的资源池,按需购买,可以像自来水、电、煤气那样计费。

第三,高可靠性和通用性。"云"使用了数据多副本容错、计算节点同构可互换等措施保障服务的高可靠性,使用云计算比使用本地计算机可靠。

云计算不针对特定的应用,在"云"的支撑下可以构造出千变万化的应用,同一个"云"可以同时支撑不同的应用运行。

第四,极其廉价。由于"云"的特殊容错措施可以采用极其廉价的节点来构成云,故其自动化集中式管理使大量企业无须负担日益高昂的数据中心管理成本。"云"的通用性使资源的利用率较之传统系统大幅提升,因此用户可以充分享受"云"的低成本优势,经常只要花费几千人民币、几天时间就能完成以前需要数十万元、数月时间才能完成的任务。云计算可以彻底改变人们未来的生活,云计算已经成为数字经济的宠儿,占有当今数字经济的可观份额。

云计算的上述技术特点有力地保障了企业的连接上云,为企业提供了便捷、经济、快速构建连接的技术可能,不仅为企业内部原有的各类系统,诸如ERP、MES等提供云连接支持,也可为企业间的系统连接提供支持,还进一步为生产端机器数据与经营决策提供连接支持。企业上云除云端的云计算技术外,企业端的边缘计算和中间链条环节的区块链也是重要的技术方法。

1. 边缘计算

由于生产制造中的生产端、决策端常常会有快速、精准控制、决策的需求,这些"边缘"对计算能力的要求也在不断上升,这促使了近年来以边缘计算、雾计算等在融合云端基础上以增强终端计算能力为目标的新兴技术的快速发展。这些技术又进一步对原有的云计算架构进行了补充和优化。

从业内流行的定义来看,边缘计算是指在靠近物或数据源头的网络边缘侧,融合网络、计算、存储、应用核心能力的分布式开放平台,即改变传统信息网络终端不做计算、把数据传送到远端服务器进行计算的分布式网络系统结构，在边缘侧先进行数据处理和计算，或初步计算后再上传的一种计算模式，类似于早期的客户机/服务器结构（Client-Server，C/S）。边缘计算就近提供边缘智能服务，满足行业数字化在敏捷连接、实时业务、数据优化、应用智能、安全与隐私保护等方面的关键需求。它可以作为连接物理和数字世界的桥梁，赋能智能资产、智能网关、智能系统和智能服务。边缘计算的特性主要包括以下几个方面。

（1）连接属性。连接性是边缘计算的基础。所连接的物理对象及应用场景的多样性需要边缘计算具备丰富的连接功能，如各种网络接口、网络协议、网络拓扑、网络部署与配置、网络管理与维护。连接性需要充分借鉴和吸收网络领域内先进的研究成果，如 TSN、SDN、NFV、Network as a Service、WLAN、NB-IoT、5G 等，同时还要考虑与现有各种工业总线的互联互通（边缘计算参考框架 2.0，2017）。

（2）数据接口。边缘计算作为物理世界到数字世界的桥梁，是数据的第一入口和接口，通过接口处理使大量、实时、完整的数据，可基于数据全生命周期进行管理与价值创造，将更好地支撑预测性维护、资产效率与管理等创新应用；同时，作为数据接口，边缘计算也面临数据实时性、不确定性、多样性等挑战。

（3）约束属性。边缘计算产品需适配工业现场相对恶劣的工作条件与运行环境，如防电磁、防尘、防爆、抗振动、抗电流/电压波动等。在工业互联场景下，对边缘计算设备的功耗、成本、空间也有较高的要求。边缘计算产品需要考虑通过软硬件集成与优化，以适配各种条件约束，支撑行业数字化和多样性场景。

（4）分布属性。边缘计算实际部署天然具备分布式特征。这要求边缘计算支持分布式计算与存储、实现分布式资源动态调度与统一管理、支撑分布式智能、具备分布式安全等能力。

这些以增强终端为特点的新兴技术，不仅完备了原有的云计算架构，也成为实现"智能+"赋能制造必不可少的方法。它的重要性和价值体现如下：

- 异构和海量数据的集成。工业现场长期以来存在大量异构的总线连接，多种制式的工业以太网并存，如何兼容多种连接、集成共享、统一管理等是必须解决的现实问题。边缘计算处理后有利于用统一的标准、协议等把异构和海量数据的结果纳入共享的数据平台中，实现有效集成。
- 满足业务的实时性。工业系统检测、控制、执行的实时性高，部分场景实时性要求在 10 毫秒以内。如果数据分析和控制逻辑全部在云端实现，则难以满足业务的实时性要求。
- 数据的优化处理。当前工业现场存在大量的多样化异构数据，需要通过数据优化实现数据的聚合、数据的统一呈现与开放，可以灵活高效地服务于边缘应用的智能需求。
- 应用的智能性。人工智能技术适合处理边缘侧复杂多样的工业问题，边缘侧智能化应用能够带来显著的效率与成本优势。以预测性维护为代表的智能化应用场景正推动行业向新的服务模式与商业模式转型。
- 安全与隐私保护。边缘侧安全主要包含设备安全、网络安全、数据安全与应用安全。网络边缘侧由于更贴近万物互联的设备，访问控制与威胁防护更直接接近目标物，不用经过网络传输环节再集中处理，所以，更有利于对关键数据的完整性、保密性、大量生产或人身隐私数据的保护。

2. 区块链

随着云计算、边缘计算的迅速发展，M2M 连接与原有的互联网连接进一步丰富了制造业数据。随着数据的极大丰富，各类基于商业目的或其他动机下的虚假信息也开始弥漫网络，给"智能+"赋能带来极大阻碍。由于对信息真实性的迫切需求，一种新兴的以分布式记账为特点的区块链技术引起了人们的极大关注。它虽然兴起于比特币，原来主要用于互联网金融，但当前已经受到制造业等各大行业的关注，特别是习近平总书记在2019年10月中央政治局第十八次集体学习时强调，把区块链作为核心技术自主创新的重要突破口，加快推动区块链技术和产业创新发展。区块链将会很快成为新的热点。

从业内流行观点来看，区块链缘起于比特币的应用，在最早的比特币白皮书中文翻译版中，将 chain of blocks 翻译成了区块链。这是"区块链"这一中文词最早的出处。它本质上是一个去中心化的数据库，同时作为比特币的底层技术，是一串使用密码学方法相关联产生的数据块，每一个数据块中包含了一批次比特币网络交易信息，用于验证其信息的有效性（防伪）和生成下一个区块。按照国内顶级区块链专家郑志明院士的说法，区块链属于群体智能、分布式智能。

区块链提供了一种新的信任模式。目前广泛使用的信任模式是集中化的，如以中央银行等为代表的机构，提供统一的信任背书。与此同时，集中信任机制必然在时效、费用方面存在天然的不足。区块链是一种分布式分类账。所谓分布式，是指信任不再集中在某个集中化的机构，而是将账本的交易记录分布在不同地方的多个节点上，账本的一个改动将在多个节点备份，一旦发生将无法篡改，因此让人们无须再依赖中央机构仲裁交易。

区块链的这种特点为"智能+"可信赋能提供了技术支撑和方法体系，有助于防止柠檬市场对大数据价值的影响，进而推动产业向价值链高端攀升。

6.3.3 工业大脑

本书所谓"工业大脑"主要指由阿里等大型企业提出的行业公认的工业大脑概念。工业大脑的思考是从数字到知识再回归到数字的过程。生产过程中产生的海量数据与专家经验结合，借助云计算能力对数据进行建模，形成知识的转化，并利用知识去解决问题或是避免问题的发生。同时，经验知识又将以数字化的呈现方式完成规模化的复制与应用。一个完整的工业大脑由四块关键拼图组成：云计算、大数据、机器智能与专家经验。

云计算让想象变为可能。从远古时代的结绳记事到算盘的问世，再到计算器与电脑的大规模应用，每一次计算工具的升级都带来巨大的生产力。云计算的出现，让更多天马行空的想法快速变成现实。部署在云端的上万台电脑可以随时合体成一台超级电脑，每秒可以处理上千万条指令，撬动工厂中沉睡的数据资源，由此产生的价值是无法想象的。

大数据是智力进化的养分。工厂就像是热带雨林，数据是栖息在雨林中的各种生物，虽然有万种之多，但人们却很少能够看见，因为数据都深埋在设备、工具与系统中，数据中的隐形线索承载着大量的碎片化信息与知识。当这些沉底的数据在不同维度、不同时间、不同频率、不同场景下被唤醒，且数据间能够相互结合、关联或是比对时，那些碎片化的知识将被重新拼织起来，为机器与人类专家就问题诊断提供关键依据。

专家经验将复杂问题简单化。由于掌握丰富的工艺参数和对设备机理的认知，行业专家可参与包括问题识别、确认、模型与算法优化的全过程。专家凭借经验、常识甚至是直觉，通过排除法做到复杂问题简单化，确保机器智能与实际业务需求相吻合，便于模型与算法的开发。比如光伏行业的工艺专家可以在上千个生产参数中快速识别参数间的因果性，并排除对生产质量影响微小的参数，极大地减轻建模、算法的工作量，同时提高了其准确性。

机器智能打破认知边界。数字时代,制造企业的核心竞争力不在于拥有多少资产,而在于拥有多少代码。机器智能具备人类所不具备的三个能力:

- 一是机器智能具有生成和分析大量可能性的能力,可以穷尽所有的"选项",扩展认知的边界,创造新的知识,摆脱"老师傅"的认知局限。
- 二是机器智能有完整的记忆能力,会记住每一件事,留意每一个蛛丝马迹,然后确定这些保存完好的经历中哪些部分对解决问题是重要的。
- 三是与人脑不同,人的思维需要存储在某个身体里,机器智能则可以完全脱离载体,同时在多个地点复制或展示智能。

一种常用的轻量级工业大脑赋能方法如图 6-11 所示。

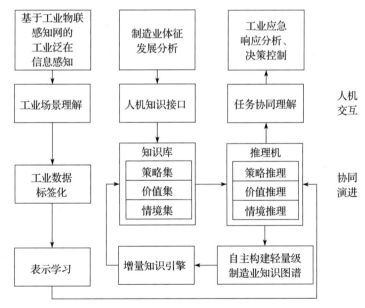

图 6-11 轻量级工业大脑赋能方法

上述"人工智能+"赋能方法中提及了轻量级工业大脑,轻量级意在突出因用而设,不盲目追求大算力、大存储的一种最简结构。图 6-11 所示的轻量级工业大脑有两个输入、一个输出。其中,两个输入分别是基于工业物联感知网的工业泛在信息感知,以及制造业任务目标。一个输出是工业预测分析与决策控制,泛指复杂制造过程下的预测、决策、控制等。

轻量级工业大脑主体包括人机交互与协同演进两大主模块。其中,人机交互用于与输入、输出数据和协同演进处理模块进行交互,它通过工业场景理解、人机知识接口实现与输入数据的交互,并通过任务协同理解模块实现协同演进处理模块中推理机子模块与工业预测分析、决策控制的交互。人机交互不仅基于"互联网+"构建的连接,还通过场景知识、人机交互知识进行场景理解与人机交互行为理解,并借助边缘智能使得人机交互更为敏捷、可迭代进化。

协同演进是轻量级工业大脑的另一个模块,也是核心处理模块,它主要包括工业数据标签化、表示学习、增量知识引擎、知识库、推理机等子模块。其中,工业数据标签化采用弱标签、强化学习等方式实现对小样本、小标注数据的学习,是轻量级工业大脑摆脱对大规模标注数据、大规模知识库的依赖的关键子模块之一;表示学习子模块用于构建多源制造数据的统一表示模型;增量知识引擎子模块用于实现知识过滤以及自主构建轻量级知识图谱;知识库子模块主要用于支持构建面向制造过程的策略集、价值集、情境集,策略集用于对制造各场景中的各种策略进行知识归集,价值集用于刻画在"智能+"核心目标下各种方案价值的知识库,情境集用于对制造各类生产情境进行知识归集;推理机子模块主要包括策略推理、价值推理、情境推理,与知识库形成配合,分别进行最优策略的推荐与选择,最高价值方案的推荐与评价,生产所处情境的推断与分析等。

在上述框架下,面向制造业具体情况可以进行轻量级工业大脑构建,实现多个分中心、边缘计算支撑的轻量级工业大脑。

第 7 章

"互联网+"赋能制造

"互联网+"赋能制造的应用是非常广泛的,针对不同场景的应用又各有特点。本章结合一个企业上云的案例,从企业运营管理视角对"互联网+"赋能制造的场景分析、方法选择和赋能评价几个方面进行阐述。

7.1 "互联网+"制造企业赋能场景

当今社会已经进入互联网时代,各行各业的发展都与互联网存在紧密关联,并且逐渐形成了"互联网+"这种新经济形态。"互联网+"是以信息技术为基础,以创新为引领的新制造模式的驱使者,正在逐渐向传统行业渗透、融合,甚至颠覆原有的商业模式,最终实现经济形态的转变,利用创新促进社会生产力的提升。

7.1.1 "互联网+"制造企业赋能总体表现

在"互联网+"背景下，与传统企业运营管理相比，现代企业运营管理发生了根本性的转变，主要表现在以下几个方面的应用场景。

1. 生产方式方面，从粗放式生产转变为精益化生产

粗放式生产一般出现在企业的初创阶段，有着技术和管理成本低的特点，但同时也造成了生产资源的浪费，且效率低下。与之相对的精益化生产则强调要充分利用厂房、物料、设备、人员和资金等资源，重点关注消除浪费，提高生产效率。在精益化生产的过程中又具体体现为管理工厂、上下游企业协作沟通和用户关系管理等环节。除此之外，精益生产系统通过采用成组技术和改善机床的柔性两种途径提高系统整体的柔性，从而融合了大批量生产的低成本和单件生产的多品种的优点。改革开放四十多年，中国制造业的发展取得了辉煌的成就，现阶段进入高质量发展阶段，要求在生产方式方面，从粗放式生产转变为精益化生产。只有采取"互联网+"赋能手段，才能实时动态地掌握生产过程信息，实施精益化生产模式。

2. 运营管理手段方面，从传统的大多依靠人工的管理转变为计算机管理

随着科学技术的发展，运营管理手段改革与创新得到了飞速发展，原本的传统人工管理存在交易工作烦琐等诸多不便，计算机管理则在很大程度上解决了这些问题。利用ERP、MES等计算机管理系统可以很好地融合现代管理思想，运用网络信息技术，集成式管理企业各项事务，形成供应链管理模式，对所有资源进行合理的布局与控制协调，使管理决策有了科学化的依据，在管理层面实现了科学发展的理念。

3. 在生产品种方面，由少品种、大批量转变为多品种、小批量生产

伴随着市场需求的多样化，消费者日益追求个性化定制产品、服务和一定的品质，特别是互联网在很大程度上解决了消费者对生产者的信息不对称问题，以少品种、大批量为特点的大批量生产模式已然不适应现代企业的发展。企业势必要对市场的变化进行正确的判断并快速做出反应，推行多品种、小批量生产的个性化定制模式，同时保证信息流通环节的通畅性、及时性。提高多品种、小批量效率的生产模式主要有两种：减少零件变化与提高生产系统的柔性。减少零件变化的推式可以推行零件的标准化与零件的通用化，能直接减少变化，提高生产组装水平。提高系统柔性的拉式采用柔性生产设备和成组技术。而成组技术并不能直接减少零件的变化，其本质在于对相似零件进行分组，形成零件族，对同一零件族采用大致相同的加工手段，这样就可以大大缩短作业时间，提高效率。"互联网+"赋能可以有效支持多品种、小批量生产的资源动态调度和运营实时管控。

4. 在管理制度方面，现代企业正在逐步走向制度化和标准化

企业的财务、销售等活动都需要制度来明确什么可以做，什么不可以做，以此作为企业自身的准则。而企业在制定规章制度时，需要注重的一个原则就是能量化的一定要量化，不能量化的一定要流程化。标准化是衡量企业生产等环节的指标，标准本身并不代表最高水平，而是基于市场经济发展现状提出的，所以现代企业也有必要遵守相关行业的标准化要求（高艺，2018）。基于互联网的软件系统是落实企业制度化和标准化的重要抓手、载体和渠道，也是发展的方向。

7.1.2 解决产品研发方面的痛点

相较于传统全部用人工进行研发管理，或管理信息系统应用和集成不

足的半自动化管理方式,产品研发管理过程中主要存在的以下三方面问题,都可以通过"互联网+"的赋能得到有效解决。

1. 信息反馈不及时,沟通不畅

当下,虽然很多企业的研发管理流程已经成熟且相对固定,并且建立了ISO9001质量体系,整个工作流程也比较规范,但还有很多企业存在信息传递不够通畅的问题。如若了解项目的进展情况,主要依靠协调会、汇报或电话询问的形式进行。这种反馈机制信息滞后,研发进度、工作流程执行阶段及工作状态不能及时被相关部门掌握,导致科研管理和项目组人员需要花费大量的时间和精力来跟踪掌握各项科研活动的具体执行状况,如元器件采购状况、各类图纸、变更单的签署等。对项目组来讲,由于任务多,不能对每一项任务的进展情况都做准确了解,往往难以高质量地完成任务,常常存在信息的反馈不正规、不全面、不易明确责任等问题。

有时候出于安全保密的要求,许多科室的工作电脑没有并入企业内局域网络,大大制约了工作的开展和应用成效的发挥。网络已经成为支撑现代企业业务运作的主要平台,在安全保密的前提下,通过网络沟通平台建立一种网络交流氛围不仅仅是信息化建设的基础,也是支撑企业研发管理创新的必要手段。很多企业没有解决好网络信息安全问题,限制了组织管理的网络化运营水平的发挥。

2. 资源统一协调机制不完善,协同效率低

随着个性化需求增多导致的订单散、小单多等情形的出现,企业承接项目数量的增长和项目周期的缩短,使得研究室、检验处、物资供应处、分厂等部门的工作量都随之增加。在项目资源不变的情况下,又要保证能按时完成任务,这就使科研管理部门很难对资源和进度进行科学的统筹规

划和协调，并由此引发了诸多资源和进度的冲突，常常表现为项目计划不科学、更改多，项目进度安排不合理等，加大了各部门沟通协调的难度。进度的压力对处在流程末端的结构设计、加工制造等环节更为突出，显著影响设计和加工质量。因为科研任务紧，不按照标准流程规范办事的现象时有发生，计划的优先级和资源的分配容易被人为因素影响，致使管理的规范性执行不到位。

产品开发是一项需要跨部门协作的综合性活动，几乎需要企业所有的职能部门参与进来。绝大部分中国企业的组织结构是以部门职能为基础的，运作上职能化特征明显，部门各自为政，由于"部门墙"的存在带来了部门之间协作和协调的种种困难。一些企业采用了事业部制，然而部门壁垒依然存在，跨部门协作困难的问题并没有得到多少缓解。

3. 流程效率不高，缺乏有效监管

传统的企业研发管理中，几乎所有的文档资料处理都通过纸质文件来流转，审签效率低；另外，人员出差也会影响文件的审签，并最终影响项目的进度。手工审签往往造成不能将项目在计划、执行、跟踪过程中协调的会议纪要、会议记录等每项工作都如实记录下来，无法对审签进行历史追溯，容易造成扯皮现象。再者，还存在文件审签不仔细的问题，为了赶进度，文件资料的审签把关不严，为后续的加工制造带来诸多困难，造成了不必要的返工和进度的拖期。"一天设计，三天更改"的情况在很多企业里时有发生，流程效率不高，缺乏有效监管。

随着承接项目的不断增多，目前基于纸质文件的通知和定期的月报、周报、管理会议等沟通方式，只能做到定期的项目进度和状态的反馈，而且信息的收集难度较大，信息容易失真，不能为领导和项目组随时提供项目的准确进展状况。尽管项目管理的方法和工具在国内企业已经普及，但

是由于相配套的体制机制、业务流程、考评激励措施的欠缺，加之研发工作本身的不确定性、复杂性、涉及面广，研发项目管理的有效性往往不尽如人意，包括时间估计不准确，总体进度计划缺乏完整性等，得不到及时修正。

7.1.3 资源计划管理方式的转变

以 ERP 为工具的企业资源计划管理思想的核心是实现对整个供应链和企业内部业务流程的有效集成管理，进而进行管理改革，推行精益生产等现代管理理念和方法。相对于传统的人为管理，ERP 管理理念和思想必须通过"互联网+"赋能才能实现以下的转变。

1. 对整个供应链进行管理

在平台经济、共享经济的今天，企业不能单独依靠自身的力量来参与市场竞争，企业的全部经营过程与整个供应链中的各个参与者都有紧密的联系。企业必须将供应商、制造厂商、分销商、客户等纳入一个衔接紧密的供应链中，才能合理有效地安排企业的产供销活动，才能满足企业利用全社会一切市场资源进行高效生产经营的需求，以期进一步提高效率并在市场上赢得竞争优势。简言之，现代企业的竞争不是单个企业间的竞争，而是一个供应链合作企业与另一个供应链合作企业之间的竞争。比如由于个别零部件质量问题而出现的汽车召回现象，对企业的打击是非常大的，但发生质量问题的制造商往往不是品牌商本身，而是供应链中的配套商。所以，新的制造模式对制造资源管理提出了新的需求，不能够只管一个企业内部的资源，而是要把供应链企业资源全部管理起来。该功能从当前的技术实现方面看是没有问题的，但涉及不同性质、规模的企业观念意识、商业机密、网络信息安全、管理水平和制度的不同等多个方面，推行起来非常困难，目前还没有做到普及。华为、美的等龙头企业已开始要求配套企业建立并开放自身的资源管理系统，以便实施远程质量、进度、故障等的监控和预测。随着当今云计算的快速发展，企业上云的普及，通过云模式 ERP、MES 等实现企业对整个供应链的资源计划管理将指日可待。

2. 精益生产、并行工程和敏捷制造

工业互联网的使用主要解决的是信息不对称问题，业务相关者可以信息共享，利用多种手段即时通信，通过便捷的互联互通把业务流畅地串联起来，进而实施精细化管理。所以，ERP 系统支持混合型生产系统，在设计时不仅仅是个软件系统，像国际顶级的 ERP 产品 SAP 号称管理大师，超过 85% 的世界 500 强企业都使用该软件，它融入了世界众多企业的管理实践，体现了精益生产、并行工程和敏捷制造等先进的管理思想。

（1）精益生产（Lean Production，LP）。当今的制造，除了一些基础零配件、标准件等产品，已经由原来的大批量生产方式、组织方式转变为以大批量定制、个性化定制生产模式为主。很多面向消费者的产品制造慢慢会转变为客户的全程参与。纳入生产体系的客户、销售代理商、供应商、协作单位与企业已不是简单的业务往来，而是一种利益共享的价值链协同合作关系。基于这种合作关系组成了企业的供应链，通过网络实施的制造资源计划管理追求价值链攀升，去除不增值、浪费的环节，即实施精益生产的管理思想。

（2）敏捷制造。二十几年前美国学者就预测未来的汽车是三周设计、三个月制造，三年报废。这在当时是不可想象的，而如今已经成为现实。在过剩经济背景下，买方市场、大量的产品供应、客户的需求早已不满足简单的功能，而是要追求个性化、价值体验等。大众化产品竞争激烈，流行周期越来越短，消费群体已经细分，一个产品长久占领市场的历史一去不复返了。另外，个性化定制生产模式要求企业具有柔性生产系统（FMS），生产线可以混排、可以动态组合，按照模块式进行生产组织。企业面临特定的市场和产品需求，在原有的合作伙伴不一定能够满足新产品开发生产的情况下，企业通过构建一个由特定供应商和销售渠道组成的短期或一次性的供应链，形成虚拟企业、虚拟工厂、动态联盟，把供应和协作单位看成企业组织的一部分，用最短的时间将产品打入市场，同时保持产品的高质量、多样化和灵活性。所以，20世纪90年代提出的敏捷制造模式已经逐步成为主流。制造资源计划管理也要按照敏捷制造模式进行匹配，没有工业互联网，仅靠传统管理方式是根本实现不了的。

（3）并行工程。自20世纪80年代提出并行工程后，很多企业就逐步摒弃原有的生产计划下达、工艺编制、备料、组织生产的串行制造模式，转而采用并行工程，大大缩短了制造周期，以满足客户越来越苛刻的需求。在制造资源计划管理方面，也只有采用了基于工业互联网的ERP、MES、PDM等系统，并且进行有效集成才能实现资源动态管理、配置的并行工程。并行工程也不是所有工序都是一个起跑线，只是相对于传统串行方式，能够同时进行的工作同时进行，并且可以做到实时互动、动态更新、及时反馈，形成闭环管理。

3. 基于互联网的采购管理与客户关系管理

在过去几年里，企业以产品和服务作为企业间竞争的重点，仅仅依靠自有的内部资源。随着市场竞争的日益激烈，企业产品本身很难区分绝对的优劣，产品同质化的趋势越来越明显。而现代企业的竞争转变为企业间供应链的竞争，它成了企业竞争的核心。随着互联网技术的不断发展与广泛应用，ERP系统的最新发展主要有两个方向：一是基于Internet网络的采购管理，实现企业与供应商之间的网上采购业务管理，包括采购、竞购、拍卖与反拍卖等。二是客户关系管理（Customer Relationship Management，CRM）。CRM 体现了两个重要管理趋势的转变：

- 企业从以产品为中心的模式向以客户为中心的模式转变。客户关系管理包括供应商和合作伙伴关系的管理与发掘，CRM 进一步地拓展了传统 ERP 的概念和范畴。
- CRM 的出现表明企业管理的视角由企业内部向企业外部转变。企业实现商务的电子化，一方面将借助网络平台的应用，在增大供应商选择空间的同时显著降低采购成本；另一方面将借助 CRM 系统应用扩展商品营销能力，实现对众多零售商的直接交易，即通过建立 B2B 或 B2C 的营销模式，消除营销体系中的中间环节，从而缩短交易时间，降低交易成本。

7.2 "互联网＋"赋能制造方法

从企业管理纵向维度看，"互联网＋"背景下现代企业运营管理的主要应对措施包括以电子商务平台为依托，进行客户和供应链生态系统化商务管理、基于 PLM 的设计研发管理、基于 ERP 的资源计划管理、基于 MES 的制造执行管理，以及基于办公室自动化系统（Office Automation，OA）的无纸化协同办公的行政管理。由于这些软件系统都经历了多年的商业化运营，其技术和系统实施方法已然成熟，也有很多资料、书籍可寻，因此本节侧重于通过"互联网＋"能够改变什么、实现什么等管理方面的赋能方法进行介绍。

"互联网＋"制造企业赋能方法的核心在于连接，通过"连接"改变了信息不对称，极大地发挥了注意力经济，为可信、分布的新一代经济业态奠定基础，改变了传统的不信任经济下的柠檬市场的影响。具体而言，它主要包括以下几个方面。

1. 创造"连接"，改变供需间信息不对称

以社交为主体的新一代互联网技术，为消费者端和生产端的连接创造了机会，在"互联网+"驱动下，原有的只考虑生产、不考虑需求的模式受到极大的挑战和颠覆。对企业而言，主动加入并依托互联网构建的"连接"，是实现"互联网+"对其赋能的前提。比如小米公司，直接将消费者引入产品的设计中，就是一种很好的"互联网+"赋能制造的范例。传统企业管理中，前端只盯消费者，而后端又只盯设计、生产端，存在着巨大的信息不对称问题。依托新一代互联网技术，制造企业能够消解其设计、生产、销售间的信息不对称，找到制约其不对称的主要因素，并找到一条最低成本下的"测地线"进行连接，打通生产、设计间的鸿沟是实现"互联网+"赋能制造的一条路径。

2. 放大注意力经济，打造商业聚光灯效应

注意力经济是互联网时代的一个新概念，"网红"也是注意力经济下的新事物。利用好注意力经济，打造商业聚光灯效应，是企业实现"互联网+"赋能的另一条路径。在互联网时代，一切变得扁平化，突破了传统社会森严的层级传递方式，尤其是自媒体的出现让众多处于边缘节点的企业有机会成为聚光灯下的关注点。企业应用好注意力经济效应，面向社会舆情趋势，走自媒体传播路线，是"互联网+"赋能其商务管理的重要方向。

3. 支撑分布、可信的下一代制造业态发展

互联网中信息极其丰富，各类虚假信息也满天飞，著名的商业平台淘

宝等也曾因为虚假商品信息而颇受诟病。随着互联网的进一步发展，尤其是加入区块链等新技术下的互联网，为分布、可信的下一代制造新业态的发展提供了支撑。基于此，制造企业主动依托新一代互联网技术，加入分布、可信的网络中，也是"互联网+"赋能制造的重要途径。

7.2.1 "互联网+"制造赋能商务管理

以工业互联网、大数据和人工智能为代表的新一代信息技术的发展带动了工业企业商务管理的变革，迎来了电商时代。"互联网+"制造企业赋能商务管理方法主要包括以下几个方面。

1. 通过网络实现大规模生产向 C2M 模式转变

工业互联网，一头连着制造，一头牵着服务和消费，可以将消费互联网和工业互联网打通，实现产销协同。C2M 模式是典型代表，C 指消费者，M 指制造，电商提供渠道、同步消费数据给制造商，不仅能减少库存，也缔造出全新的数字化新零售业态。

C2M 模式主要通过工业互联网实现客户与制造商之间的交互，可以用 Internet、VPN 等专用网，也可通过第 6 章描述的相关技术方法实现。同理，这些方法可以实现企业内部制造资源动态重组、优化调度，进而实现个性化定制功能。

2. 通过互联网实现从统一供给到以多元需求为导向

零售形式的演变，源于对用户需求的理解。瞄准消费升级，集合优质制造，一批有品质的电商应运而生。网易严选采用工厂直达模式，通过介入上游供应链优选设计和管理，推出一系列符合新消费人群审美的产品。唯品会、必要商城则与工厂一起探索生产流程的优化，把大牌品质商品用工厂价格对接给消费者。工业互联网从客户起步，不论是赋能中小工厂，还是瞄准品质升级，都体现了以用户为核心的价值观，传递出市场导向的高质量发展规律。

3. 通过网络实现从产品展示到客户远程 VR、AR 体验

虚拟现实（Virtual Reality，VR）利用计算机模拟产生一个三维空间的虚拟世界，向用户提供关于视觉等感官的模拟，使用户仿佛身临其境，可以即时、没有限制地观察三维空间内的事物。增强现实（Augmented Reality，AR）指透过摄影机影像的位置及角度精算并结合图像分析技术，让屏幕上的虚拟世界能够与现实世界场景进行结合与交互。AR 与 VR 的区别在于，VR 展现的是一个完全虚拟的三维空间，在电商平台上更适合用来提供近乎真实的商品观感和体验。AR 展现的则是现实场景与虚拟的结合，用于家居中会更适合，用来模拟商品与消费者家中现有的家具和风格的协调度。

从 2016 年以来，以宜家、亚马逊和 Wayfair 等为首的家居电商平台已经逐渐转向采用 VR、AR 技术作为传统的图文商品介绍的重要补充，以更立体、更直观地展示商品。宜家 VR 厨房和亚马逊 Showroom 在这方面各有不足，而 WayfairSpaces 显然走得更远，在未来几年内它或许会暂时成为家居电商模仿的范本，直到新的领跑者出现。

4. 通过互联网实现从物流外包到智慧供应链

零售业从根本上说是效率的竞争，企业想从容应对不同规模的变化和趋势，供应链的效率创新无疑是制胜的关键。比如 IBM 基于互联网且利用区块链技术的解决方案，增强了零售供应链的可信度、透明度和追溯性。IBM Food Trust 解决方案使用区块链技术，在食品供应中创建了前所未有

的可见性，助力企业构建了可信的供应网络。IBM TradeLens 解决方案使用 IBM 区块链技术作为数字供应链的基础，使国际贸易中的多方都能参与其中。IBM MetroPulse 利用互联网洞察每个社区的购买行为，为零售和消费品公司提供建议。综合利用天气、人口统计、销售和商店信息等数据，利用预配置的高级分析技术，IBM 支持零售商和消费品制造商解决最相关的战略性和战术性问题，即在哪里开设实体店、优化库存管理，从而提高销售额、利润和客户满意度。IBM Watson 智能供应链可借助准确的实时洞察，深度分析库存情况以及每件产品与每个订单价值相比的总价值和成本，减少供应中断并洞察供应潜在中断对处理中订单的影响，最大限度地提高每个客户订单的利润。

7.2.2 "互联网+"制造赋能研发管理

借助互联网平台，使用 PLM 软件，再加上规范化管理，可以有效解决上述产品研发问题，传统研发管理方式也会发生较大的变革，主要包括：

1. 便捷的沟通与交流，与客户共创的价值导向

通过互联网发布与产品相关的研发与制造信息，能够实时地交流工作进展情况，及时地进行纠偏与冲突的化解，使得各个部门能更好地相互配合，从而建立良好的内部合作关系。特别是通过 CAD/CAPP/CAM/PLM/ERP/MES 等系统的无缝集成后，使企业的全局资源优化调度和控制决策、风险防范等成为可能，可以打破"部门墙"，让研发部门与其他业务部门能够便捷的沟通与交流，便于企业扁平化管理的实施。

当今的制造模式已经由大规模生产转变为大规模定制和客户定制化生产，以及未来的用户全流程参与的智能制造，客户不仅是产品的使用者，也会变成产品需求的提出者，共同参与产品的研发和设计。所以，未来的研发设计者要与用户通过互联网进行产品全生命周期的互动，如设计阶段的互动，制造过程向客户开放的透明化，以及售后服务等，提高客户的产品质量、价值的满意度和服务水平，与客户共创价值导向进而牵引研发管理活动。

2. 快速响应市场，敏捷迭代开发产品

对市场敏捷快速反应是现代产品研发管理的基本需求。在互联网平台支持下，可以使企业及时沟通关于市场各个方面的信息，及时把握市场变化，同时根据市场变化调整相关研发与制造活动。

快速响应市场一方面是通过互联网进行战略情报爬取，进行产品的动态规划与调整，缩短产品研发周期。从管理视角看，需要改变传统产品研发方式，产品功能达到完美后再投放市场的做法难以适应当今的竞争需求。敏捷迭代开发产品的思路是，先投入市场的产品功能只是满足客户最想要的价值追求部分，等到客户需求不断积累后再推出新版本，上市快、更新快、灵活多变。快速响应市场的另一方面是完成客户化定制，满足客户需要。这方面企业往往要通过网络链接实施模块化设计、柔性生产线等智能化、自动化手段实现，工业互联网是基础平台。

3. 资源的有效配置，产品设计和制造协同

PLM 是个信息共享与便捷沟通的协同工作平台，从根本上实现了各个部门间的研发与制造资源的共享，同时由于平台的存在，企业高层管理者可以站得更高，从全局的角度来调配相关资源，最终达到研发和制造资源的优化配置与调度。

工业互联网的协同工作平台往往采用基于工作流引擎技术的数据驱动工作方式。人在系统中的随性工作行为受到严重约束，研发设计流程是按

照节拍安排和预设的，个别人如果耽误了进度都会影响整体进度的执行，所以，系统督办、催办等功能会有效提升管理效率，杜绝官僚作风。同时，可以实现产品的协同设计与制造，集成领域内的优势技术与制造资源，共同完成设计和研发活动。即实现面向制造的设计、面向装配的设计、面向服务的设计等，实现企业制造资源的全局优化。

4. 建立研发生态，丰富研发资源

互联网时代作为研发主力的知识分子、技术员等往往不是同一个企业的员工，员工成为共享资源也是由于产品更新换代快等特点决定的，企业必须借助大量的外部研发人力资源，实现"不为所有，但为所用"的研发管理策略。因此，企业要面向主流产品或行业，基于互联网建立研发生态系统平台，保持外部研发资源的及时供给、即时沟通、信息和知识共享等，借助互联网丰富的研发资源提升企业的研发能力。

然而，产品研发阶段的工作往往决定了产品成本、价值的80%以上。在当今激烈的市场竞争环境下，产品研发也要与上下游供应链紧密协作，通过工业互联网进行实时沟通，以便在综合成本效益、交货期、产品质量、售后服务等方面实现全局最优，提升产品的市场竞争力。所以，现代企业必须经营以产品为中心的产业生态系统，通过产业链、价值链重构经营企业。研发管理是其中最重要的组成部分，必须按照互联网思维颠覆传统管理模式。

7.2.3 "互联网+"制造赋能资源计划管理

工业互联网自诞生之日起，其宗旨就是重构全球工业，激发全球生产力的活力。工业互联网引发的不是纯粹的技术问题，而是一个经济管理问题的革命——有效解决企业内部管理问题和外部信息交互，以及及时性与

准确性的问题。不同时代有不同的商业模式、不同的商业逻辑、不同的指导理论，最终催化的结果也不同。具体而言，工业互联网引发的资源计划管理方式的发展与变革主要体现在以下四个方面。

1. 从层级管理到扁平化

传统的以人工管理为主的企业层级管理模式常常被形象地称为"金字塔式"管理。在工作流程方面，传统的企业管理中，一项工作可能实际处理时间是很短的，但是一项命令需要从最高领导者开始下发，上传下达，所有的工作人员需要借助电话或人员口头通知等来下达命令，直至完成工作，造成了大量的时间和人力资源的浪费。互联网思维下的管理，一项工作完全可以通过手机或者是电脑网络下达至每一位员工，利用软件随时随地监督员工的工作进展，甚至可以在网络上召开视频会议直接指导员工，不但节省了大量的时间、人力和冗繁的流程，管理者还可以主动获取需要的信息，变被动为主动，并且整个工作过程都是可视化的，可以随时实现监控与指导。这样的管理模式不仅提高了企业的管理效率，也提升了企业的竞争力。所以，在采用"互联网+"的技术手段后，要用互联网思维进行组织结构创新，以便提高信息传递的效率，缩短信息链，减少传递信息的层次，实现组织结构的扁平化。这样在企业遇到问题时，才能够更加快速地应对问题，加快决策。企业实行扁平化的管理组织结构，还能够促进企业员工和管理层之间的沟通交流，一定程度上提高了企业员工的工作积极性，从而更好地促进企业的发展。

当今企业面对海量信息"井喷"的态势，不仅要提高数据挖掘、分析、整理、预测的能力，也要快速地反映到产品研发、生产、营销等方面。企业组织结构是影响效率的关键因素，基于互联网思维进行的扁平化会令组织产生如下变化：

- 企业资源计划管理中实现"去中心化"。即从"金字塔"式的组织结构转化为"扁平化"结构,打破各部门、各阶层以及员工与管理者之间的隔阂,实现内部管理效率的有效提升。
- 企业资源计划信息管理"去组织化"。基于企业信息化建设的完善以及互联网技术的有效利用,员工与管理者之间的信息交流更加便捷,传统的汇报、申请、建议、意见等交流机制不断退出。例如员工可以通过微信、QQ等直接与管理者沟通,每个员工都可以成为市场、用户信息的收集节点,这将大大降低企业信息收集和决策的成本。

2. 从职能部门的岗位管理到一体化的流程管理

传统的"金字塔"形企业架构,纵向上由于管理层级较多,导致上下级之间信息传递困难,尤其在信息量大且机会稍纵即逝的互联网时代,这种模式将严重影响企业决策。横向上是按照设计、工艺、采购、销售、生产计划和不同车间等工作需要设置的各个职能部门,主要是按功能划分,各个职能部门之间横向沟通不仅手段传统、效率低,而且信息沟通量不够充分,主观因素影响大,常常造成误解,给企业带来竞争力弱、管理成本高等弊端。在协调层面企业面临文牍危机,基层会抱怨职能部门不了解实际情况,指令满天飞,中层相互之间往往由于不同分管领导忌讳多、难以沟通,官僚作风严重。所以,必须把以管理层级链条为主的职能部门化岗位管理转变为注重协调合作的流程一体化管理。

"流程是制度的灵魂,制度因流程而存在。"ERP系统的使用首先就是利用互联网实现企业各部门业务层面的集成。同济大学张曙教授认为,信息化就是用铲车推倒金字塔式的传统管理,把靠传统纸张、电话等方式低效沟通的职能部门"烟囱"取消,铺设信息流顺畅流通的管道,使信息沟通畅通无阻。实质上是从传统职能部门"人治"管理模式转向流程业务数据驱动的"法治"管理方式。依据ERP等软件系统和因此制定的管理规程，人的权利和管理的随意性、自由度受到制约，事先设置好的企业管理规则更具权威性，人要听系统的。十几年前，华为、联想等公司早就实行了流程管理，每个员工都必须按照流程的节拍在规定的时间内完成好分内的事，就像生产线，一个工位工作没有完成就会产生积压，影响整个生产进程，提醒、督办、问责等传统管理手段在网络和信息系统的支持下得以较好实施。所以，按照流程驱动进行的企业资源计划管理比传统的职能部门管理，无论从效率还是管理成本等方面都有明显的优势。也因此，商业化的ERP系统，逐步从按照职能部门划分的功能模块型过渡到按照业务流程配置的平台型。

3. 从粗放型到精细化管理

传统的企业资源计划管理无法做到定量化，主观性、随机性、随意性、经验性等特征明显，属于粗放型管理。随着ERP的广泛应用，不少企业开始在生产管理中应用ERP系统，但应用程度差异很大，并且仍有一些企业在很多环节还采取人工记录管理，不仅没有应用好ERP系统，更远远没有真正融入互联网时代。依托这种半手工、内部封闭式的系统，相对采用计算机而言效能要差很远。在建立市场变动应对策略时就会感觉到动作缓慢，也无法做到精细化和精准化。互联网时代，企业不再停留于对企业内部或产业内部的ERP系统的简单应用，更多的是需要响应时代的需要，实现广泛联网，让企业ERP或行业ERP系统连接到更为广阔的工业互联网中，实现资源管理从粗放型向精细化的转变，随时响应瞬息万变的市场信息，精准地把控制造信息。这种从粗放型到精细化的转变，是在原有的企业ERP系统的基础上，进一步连接上云，将生产架构到工业互联网大平台上实现的。它突破了原有的企业级、行业级ERP系统的局限，更好地将传统人工操作借助"互联网+"赋能，进行更高层面的人机融合，实现精细化的实时生产控制。

7.2.4 "互联网+"制造企业赋能制造执行管理

在工业互联网普及应用下,生产车间现场数据自动采集越来越普遍,并且成为发展趋势。通过 MES 系统能够提供可视化画面,让生产加工过程透明化,从而可以提供更加合理的生产计划安排;通过生产计划和物料信息配套、资源信息配套的计算保证计划的合理性。同时还能灵活配置生产车间数据采集站点,能够让管理员在后台进行可视化配置生产线的数据采集流程,能够支持多种数据采集终端,支持二维码、条形码以及 RFID 的序列号、批号的产线数据采集作业,可以在生产管理过程中集成安灯系统(当生产有异常情况时,可以及时发出警报,提醒人们及时解决);能够集成设备终端,使生产任务可直接下达到设备终端,能够在终端观察生产设备运行状态,从而制定更加合理的运行参数,使传统的以人工为主的生产管理方式发生根本性转变,具体体现在以下几个方面。

1. 制造信息管理数字化

数据化技术管理能够对产品的高级信息进行加密,能够对设备工艺技术参数、原料配方以及质量技术参数进行管理,同时记录下这些参数,将其作为重要的参考依据,为新的生产线快速部署提供支持,比如相关设备工艺技术控制、质量技术控制以及原材料配方控制等。同时,数字化技术管理还能支持 PDM、SOP(标准作业程序)作业指导书管理,帮助管理员更加合理地管理生产设备。

制造信息管理数字化使物料基础信息更详细,材料清单或物料清单(Bill of Material, BOM)信息更专业。除对产品物料的基础信息进行管理外,集中管控的 MES 系统对生产物料进行管理,对一些产品结构复杂、工艺工序烦琐、生产形式多样的生产行为进行全面管理，也具有相当优势。同时 MES 系统还能对生产物料的各种 BOM 信息进行管理，包括工程 BOM、装配 BOM、装箱 BOM 等信息，能够在生产之前就对产品结构有深入的了解，为设置工艺和工序提供基础数据信息支持。一方面便于信息、知识的共享和快速流动，成为科学管理、便捷决策的依据，同时又是企业管理知识形成、沉淀的基础，是实施智能化管理的前提。

2. 生产管理可视化

MES 系统的数据自动采集技术和工业条码技术，可以实现生产过程的可视化、动态监控以及生产质量可追溯，可以显著提高生产质量和生产效率，减少损耗，降低生产成本。MES 系统是现代生产管理的主流模式，是智能制造的基础。

MES 系统可以实时监控产品制造过程中的任何情况，比如制造成本和半成品的异常情况、设备的异常情况、数据流量的异常情况等，有效地避免故障或事故的发生。通过生产线、设备等生产过程的历史数据分析，企业可以准确地分析生产线不同设备的自动化投入的紧迫性和合理性，能够据此确立更加合理的生产管理方案。如根据订单需求、生产过程的最低指标以及相关资源利用率等计算出产品的生产计划，让人们对生产过程有一个提前的认知。一般应用 MES 系统的企业都会有生产监控中心，通过可视化的生产过程图表、动态状态显示进行生产计划的动态调整、仿真和辅助决策。特别是在生产计划发生变动和出现异常生产状况时，可视化的生产管理是科学决策的重要依据。

3. 质量管理可追溯

我国很多制造企业采用代加工 OEM 模式，如代理加工戴尔、耐克、苹果等产品。随着制造行业的分工细化，这种代加工或者提供零配件的厂商会越来越多。但品牌企业往往面临着消费者对于质量问题的投诉和国家法规的管控，因此它们就会要求代工企业提供详细的产品质量单据。如何用最快的时间找到问题产品，并迅速查明原因和召回存在问题的相关批次产品，是代工企业面临的重要问题。

在制造企业，一条生产线由多个工序组成，每个工序又有多个工位，每个工位又有多个人负责。一件产品要经过多条生产线、多个工序、多个工位和多个工人。在出现产品质量等问题的时候，管理者往往无法准确地查出原因，常常难以及时、准确地处理问题，从而导致质量问题不清楚、出自哪个环节、责任无法追溯等生产管理难题。如某相机厂在大扫除时才发现天花板上藏了大量有质量问题的产品。一个产品从原材料入库到成品出库，需要经过很多工序工位，当原料快速通过传送带时，由于人工操作问题，往往会造成有些产品有些工位没有做，到了下几个工位的时候才发现，不得不把这些产品再送到相应工位重新加工生产，不仅造成浪费，也埋下了质量隐患。

MES 系统可以通过软件系统对生产过程中的产品进行监控和实时跟踪，当出现不合格产品的时候，就会立刻弹出提示，并显示原因。它可以提供 IPQC（制程中质量控制）过程控制与数据采集，采集数据精准无误；同时还能检测设备集成接口，可实现质检数据记录自动化，能够自动采集数据并且自动存入档案；能够对产品的全部生产周期进行记录，同时采集完整的数据，如产品批次、各工序开始完成时间、操作人员、加工设备、品质检测数据、用料批次、序列号、维修历史记录等；能够退回发生异常的产品查看原因，维修以及更新管理。

4. 设备管理精准化

传统设备管理一方面是按照检修计划进行定期检测、维修、更换等作业，有些运行状态良好的设备也被报废了，常常造成很大的浪费；另一方面是设备出现故障后的补救管理，设备出现故障无论如何都会对生产造成影响，直接影响企业生产效益。传统设备管理在智能时代显得过于僵化和被动。

目前，借助 MES 设备管理信息系统能够定义巡检、点检和保养设备，对设备的生产计划有明确的方案，可有效地执行可靠方案，更好地管理和保养设备。该系统能够进行设备的日常维护工作，主要工作内容可以由系统自动生成，并且做出详细的计划表，如周报、日报等，这样也便于上级管理；能够对设备日常工作状态进行记录，有一定的设备维修计划、停机检修等，确保设备的万无一失，不会在生产过程中出现异常状况。对于设备零部件以及备品备件进行安全储备以及更换管理，可以自动对项目设备监控，比如转速控制、温度查看、位移偏差测量等，做到实时动态监测与监控，进行预防性维护管理，更加科学合理。

7.2.5 "互联网+"制造赋能行政管理

作为"互联网+"时代科学管理的基础，OA 协同办公系统的建设和发展是企业构建新型供应链管理执行体系、提高企业整体办公水平、实现跨越式发展的必然选择。面对机遇与挑战，企业应借助"互联网+"的信息技术革命驱动 OA 协同办公系统做出根本性转变，结合实际情况，从整体视角规划信息化发展战略，积极构建整个企业的管理信息中枢，以充分发挥管理信息服务的职能，实现整体水平提升，促进企业的科学发展。"互联网+"办公管理方式的变革主要体现在以下三个方面。

1. 移动办公、更加便捷

在"互联网+"时代，社会正向信息化快速迈进，企业信息化也随之迅猛发展,在此背景下建立一个可靠、信息安全、半开放、实用、高效的移动办公 OA 管理信息系统是大势所趋,尤其在 5G 时代即将到来之际。移动办公 OA 是利用手机、iPad 等移动终端,将现代化办公设备与移动互联网结合起来的一种网络化行政管理方式,是社会信息化的产物。通过移动办公 OA 系统的实施,单位内部员工之间、部门之间可不受地域和固定终端设备的限制,实现信息快速传递、交流和共享,从而提高办公效率。

(1)实现工作流程的便捷运转。供应链上下游企业与管理部门之间存在大量的工作交集,如信息的交错使用、财务报账、公文的处理与批阅、数据处理与汇报等,这些业务工作流程,根据各个部门的不同需求,可通过移动 OA 实现准确的自动化工作流程,提供方便的文档查询、记录和归档。移动 OA 在信息流转过程中实现实时监控、跟踪、批阅,快速解决不同需求、多任务的各部门协同工作,仔细分析调查各环节流程,在使用过程中若是有问题及时改进,提高行政办公效率。

(2)实现管理资源的大量节约。通过移动 OA 协同系统,将企业的各类信息,如办公、招聘、财务管理等各类公文、各部门规章制度、信息数据等,由数字化信息中心服务器统一管理,根据各个部门需求设定权限,进行持续的更新、保存、数据归档、资源共享,实现有效信息的互通和远程调用,减少浪费人力、数据不准确的烦琐办公流程,通过资源数据的合理整合以大大提高工作效率,实现无纸化办公,节约办公成本。

(3)实现办公业务的跨区域管理。基于手机、iPad、笔记本电脑等移动终端的 OA 系统,最大的好处是实现办公业务的跨区域管理。移动 OA 系统会同时满足移动终端和办公 PC 端的访问,能实现远程办公和信息共享,优化办公流程。用户可以通过互联网随时随地进行移动办公,不受场所的限制，彻底打破了传统管理方式的时空限制（安荣革，2017）。

2. 信息共享、降低成本

随着社会信息化建设和发展的不断深入，企业管理中面对的信息数量呈现海量扩张的特征。同时，信息经济时代，信息的价值被无限扩大。OA系统信息共享化有助于提升企业管理者对信息的处理能力和效率。因此，企业应大力推动OA信息共享化应用，进而提高信息化基础设施的投资效益，优化有限资源的配置效率。

（1）通过信息共享合理整合内部信息资源。以信息共享需求为牵引，基于网络的OA系统采用先进技术，通过建立高效、可靠、安全的信息基础设施，收集、存储各项业务基础数据，为进一步分析海量数据提供技术保障。通过统一的信息交换标准和数据交换接口来规范数据的搜集、整理方式，提高数据规模和质量，逐步将企业各项业务系统纳入企业业务数据集成平台，以实现OA协同办公系统与其他系统的业务整合及企业信息资源的交流和共享，消除信息孤岛，提高企业内部信息资源的利用率。

（2）通过规范化消除数据信息差异化。基于网络的OA管理系统常常通过建立信息数据中心平台并赋予不同部门处理权限来达到信息整合的目的。不同的职能部门进行档案归档及传输的过程中，OA系统将不同类型的数据进行信息差异化消除。此外，OA系统综合整个企业的信息数据，集成一套适合企业的信息系统，建立高效信息处理的原则、标准和规范，从而实现企业数据库中心的高度共享和各种信息处理系统之间的无缝连接，消除各部门数据信息的差异化，有效降低由于理解的二义性或信息不完整、不对称等造成的额外管理成本。

（3）跨平台信息集成系统形成协同办公模式。伴随着信息技术、网络技术的集成，OA系统具有极强的信息共享能力，有助于企业打破部门信息壁垒，提高信息传递效率，解决信息不对称的难题。此外，OA系统具有多数据库接口，其他应用系统可集成于此系统中，利用定制程序对业务信息系统进行访问，实现部门的同步性管理和协同办公模式，提高协同办公有效性，有效降低沟通成本（苏冠贤，2017）。

3. 流程管理、高效协同

OA系统在企业管理增效方面有着其他管理模式无法比拟的重要作用，比如公文审批、请示、汇报等都需要严格按照流程操作。采用OA系统可提高行政管理的自动化程度，便于实时监控各个部门的办公情况，提高各部门之间的协作性，优化工作流程。

（1）提升信息处理能力。随着社会信息化建设和发展的不断深入，企业通过采用OA系统建立公共性的网络平台。在该平台上发布信息，可提高信息之间的流传速度，便于各部门信息网络的形成，有助于提升企业管理对信息的处理能力和效率。现代企业已经基本实现了无纸化电子办公，OA系统中包含了基础的文件读写模块，绝大部分的办公文件能够在OA系统中进行关联和处置。在文件处理效率方面，OA系统可根据企业自身的要求自动对各类文件进行汇总、分类，大大缩短了传统的人工收集、整理、分类的时间，提高了文件处理的效率（巩慧娟，2019）。

（2）打破企业内部壁垒。利用OA系统参与企业管理，可促进各种信息之间的整合，实施企业内部协同办公管理，使办公流程规范化、标准化，通过形成标准的、科学的协同办公管理模式，各部门间会形成自上而下的沟通通路，打破"部门墙"壁垒，可更高效地利用人力资源，提升管理效率，改善人际关系。

（3）流程与管理形成有机结合。企业管理工作涉及的内容较多，日常办公可以粗略分为事务型办公和项目型办公，利用 OA 系统便于促进各种信息之间的整合，将企业的管理和流程真正有机结合起来，对优化资源配置有更大意义。比如 OA 系统可以结合企业特点对企业相关的管理功能进行完善，进而在企业内部建立科学的管理体系，便于对各项事务进行更为高效的管理。通过将企业办公流程与管理的有机结合，进一步促进企业实现精细化管理，将每一件事情进行目标量化、细化，并可及时指导各个部门的流程、工作计划安排。协同办公使任务清晰，有效提高企业管理效率（张守丽，黄建鹏，2017）。

7.3 案例：企业文档云化管理

文档作为企业中具有重要价值的智力资产，保存了企业的全过程记录，是企业全体员工智慧和付出的结晶，因此，怎样保存好文档是企业的重要任务。随着信息技术的飞速发展，越来越多的企业将计算机技术引入企业文档保存中，以实现更高效的文档保存、挖掘与应用。但面对海量数据的冲击，单纯依靠传统的计算机技术还远远不够，云技术的出现给企业文档管理带来了契机。

7.3.1 赋能场景：文档管理难题

云时代，制造行业文档云管理已经日渐成为刚性需求。制造企业需要一个统一、安全的文档云管理平台，以实现文档的聚合共享、流转审批，保留历史版本、文档日志、离职文档交接等。文档云全方位覆盖已成为制造企业的文档管理需求。随着手机日益成为人们接收信息的主要工具，在移动终端访问、修改、签批文档也已成为制造企业必不可少的文档管理需求。而与之相对的常规文档管理方式，使制造企业面临很多困难，主要有以下几点：

- 文档类型多、体量大，散落在个人电脑上，查阅不方便，在部门间分享困难。
- 员工离职后，交接不全导致生产资料遗失或机密文件外泄。
- 由于硬盘、U盘损坏或病毒感染造成生产资料的遗失。
- 管理人员经常出差，一些生产流程无法及时处理导致业务延误。
- 生产图纸预览不便，大型文件打开速度慢。
- 销售合同多次修改后，版本混乱，修订困难。

7.3.2 赋能方法：文档云管理解决方案

企业主要采取文档云管理、云盒子的解决方案。

1. 文档集中存储、授权共享

制造企业以部门为单位建立多个共享文件夹，并将文档分类存储，建立一套电子文档归档机制，每个人必须按照归档目录存储文件。通过账号密码访问云盒子获取文档资料，如图7-1所示。

图7-1 云盒子文档云管理平台

云盒子文档云管理平台有 11 级文档细分权限，通过详细的权限设置，保证每个人都不会越权访问文件。

2. 文件离职交接

所有文件都存储在云端，不用担心在通过邮件、U 盘来交接工作文件的过程中，由于遗漏交接导致文件永久性丢失，如图 7-2 所示。

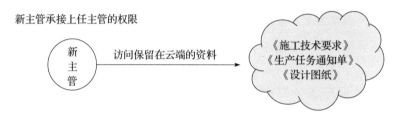

图 7-2　云盒子文件离职交接

3. 工作流—文档流转审批

制造行业是个高度依赖工作流程的行业，耗材的请购、领料、工程合同、验收、生产报表、发货用车等都需要流程来控制，并且大部分流程都要经过多部门的签批。云盒子文档云管理平台提供的工作流功能可以实现自定义人员节点，让文件在多部门中流转，最后归档至云端。在流转过程中支持文件的增、删、改，以耗材请购申请流程为例，如图 7-3 所示。

4. 与上下游企业共享文件

制造企业与上游原材料供应商、下游代理商有着密切的合作关系，文件往来频繁。云盒子文档云管理平台提供外链和合作伙伴账号两种方式共享文件。这两种方式将所有的共享文件保留在云端，可灵活控制合作伙伴对文件的访问权限。

第 7 章 "互联网＋"赋能制造

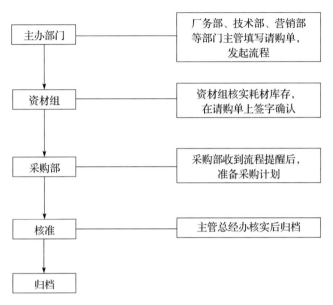

图 7-3 工作流文档流转审批

（1）外链分享：将文件、文件夹生成链接，并设置访问密码、下载次数、访问期限、是否可编辑等。合作伙伴通过访问链接获取相应的文件，供应商的访问也将记录至云盒子文档云管理平台中，使外发文件有迹可循，如图 7-4 所示。

图 7-4 与上下游企业共享文件

（2）合作伙伴账号：如图 7-5 所示，为供应商、代理商开设云盒子的合作伙伴账号，可以设置该账号允许访问的人员和文件。即使外部人员访问了公司内部的文档管理平台，仍然能够保证其他内部文件不被查阅。

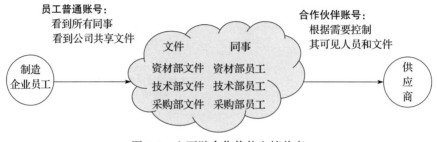

图 7-5　上下游合作伙伴文档共享

5. 文件历史版本、日志管理、活动记录

制造行业的文档是长年积累的珍贵财富，具有高度保密性、高度敏感性，数据一旦泄露将造成重大损失。通过文件日志、人员活动记录对文件的动向进行监控，不仅能够实时了解整个公司的文档动向、员工的文档操作记录，还能防患于未然，防止对文件有权限的员工将公司机密文件带出。

6. 移动办公

云盒子文档云管理平台提供 Android/iOS 客户端，让出差人员通过手机就能访问云文件、编辑文件、审批文件、沟通工作。

7.4　"互联网+"赋能制造的效能评价

要对"互联网+"赋能制造业的效能进行评价，首先要明晰当今迅猛发展的工业互联网的本质特征，再从其基本功能中窥见其发挥的效能。

7.4.1　工业互联网赋能制造效果

工业互联网以新技术为驱动实现融合创新，以模式创新为核心实现产业赋能，其赋能条件在于依托连接，消除信息不对称形成的生产、销售、决策之间的信息孤岛，铲除工业信息化早期的各类"烟囱"、条块式信息化结构，形成信息流通便捷的网状结构形式，旨在打通工业制造过程中的"奇经八脉"。工业互联网在经济与管理领域发挥的效能主要表现在以下方面。

1. 模糊了产业的边界，打通了产业链条的各个环节

工业互联网侧重于经济、产业、商业属性，涉及社会再生产的生产、交换、分配、消费等经济活动各个环节、各类要素，涵盖了人类各种生产活动、服务活动，贯穿企业的研发、设计、仿真、采购、生产、销售、供应链、金融、物流等各个生产经营活动，覆盖产品的需求分析、规划设计、生产、经销、运行、使用、维修保养、直到回收再利用的整个产品生命周期。工业互联网理念、技术、平台的应用，重构了全社会生产经营生态，重构了企业内部的组织经营架构、运营管理模式、商业服务模式，能够达到降低成本、提升效率、提高质量、节约资源和协同创新的目的。

2. 以技术创新驱动了各类工业模式创新，衍生了众多产业新业态

工业互联网的使用深刻地改变了人类的生产生活方式和思维模式，驱动了包含技术模式、商业模式、服务模式、应用模式、融资模式、管理模式、经营模式等创新。运用互联互通、共享经济、众筹众包、在线交易、供应链赋能、互联网金融等互联网思维创造了众多商业模式，线上线下、供应链金融等新商业模式正日趋成熟，使分享经济、众筹经济、平台经济成为工业互联网时代的主流。集成应用了云计算、大数据、移动互联、物联网、人工智能、区块链等新一代信息技术，催生了新技术、新模式、新应用的不断出现，造就了工业互联网新的生命力。

3. 使传统的产品竞争、企业竞争上升为生态体系的竞争

ICT（信息通信技术）领域的生态体系竞争态势会延伸到工业互联网，生态体系之争会成为企业、平台竞争的最高形态。例如在制造业领域，以软件定义为标志、以平台为核心的产业链垂直整合日益加速，制造企业竞争的制高点已由单纯的产品和技术体系架构演变为生态体系的竞争，产业链垂直整合加速，构筑了"端—云—端""软件+硬件+应用+服务"的垂直一体化生态体系。这种竞争影响十分深远。西门子、通用电气、IBM、SAP、海尔、小米、阿里、研华、中国电信、中国移动等业界龙头企业，都在制造领域打造自己的生态体系，创造新的生态商业价值。伴随着ICT与工业、制造与服务、软件与硬件的跨界融合进程的加快，面向制造业的工业软件企业也在加速转型，用友网络、数码大方、安世亚太、索为高科等，同样也在致力于打造自己的生态体系。传统的以产品或企业为主体的竞争模式已经被打破，生态体系竞争成为工业领域竞争的制高点和核心。

7.4.2 案例赋能评价

1. 云盒子文档云管理平台实施意义

云盒子文档云管理平台取代原来以 E-mail、U 盘文件共享的文件管理方式，使调取资料更便捷、更快速。云盒子工作流将一些弹性较大、不够规范的流程变得井然有序，提升了制造企业业务处理和公司管理水平。工作流的推进还有效避免了由于流程处理不及时而导致的业务阻塞，使信息反馈更畅通，让制造企业真正走上"云中签批"的管理流程优化之路。

通过外链和合作伙伴账号对上下游供应商提供共享文件，节省了大量邮件及附件的上传、下载及归档工作，剪掉了与合作伙伴文件来往的繁枝

细节，大大提高了工作效率。移动办公的实施使企业知识管理自动化、工作流程自动化、沟通及时化，为员工出差的工作处理提供更大的灵活性。企业文档云化管理的价值主要体现在以下几个方面：

（1）满足资源共享趋势的要求。在实际工作中，将数据流的形式作为基础，充分利用平台内部拥有的资料信息，挖掘其中的资源，从而满足企业未来的发展需求。通过文档云化管理，档案部门能够避免档案管理系统软件的多样化而引起的信息孤岛问题，可将多个部门的档案资料汇集到一起，并通过云存储技术存储在一个中心，形成以档案部门为核心的信息共享池。企业员工在需要时，能够随时获取相互间的资料，最大程度上满足其信息需求，避免文档资源浪费问题的产生。

（2）节约成本的途径。成本控制始终是企业日常管理工作的重点。众多档案部门能够分享由云技术平台提供的基础设施，减少了企业个体的投入，能够为企业节省更多的资金和精力。另外，云技术建立在传统计算机技术基础之上，是多项技术整合的具体表现形式，当企业引入文档云化管理模式后，依旧能够享受到原有文档管理工作的运算服务，且能够避免服务器访问受限的影响。不但如此，企业不需要花费更多资金购买高级别服务器等相关硬件，能够兼顾控制成本与效率提升的双重目标。因此企业开展文档云化管理工作势在必行。

（3）文档安全的保障。云技术模式当中，"云"中包含了大量服务器，形成了一个共享平台。因此即便其中某台服务器出现了故障，依旧不会对文档管理和利用产生不良影响，其他服务器能够在最短时间内代替故障服务器，并将其中的数据完全拷贝过来，通过重新启动服务器，可继续获得相应的服务。在此基础上，企业档案管理工作才能在真正意义上实现无间断、安全服务，避免了传统文档管理工作中因硬件故障导致文件丢失等问题，为企业文档管理有效性的提升奠定了坚实的基础。

（4）缓解人员匮乏的方法。档案信息化改革趋势不断深化，企业档案管理工作对高素质、信息化人才的需求量越来越大。但是这方面人才的数量并不多，难以满足企业档案管理的需求，而文档云化管理模式则能够有效缓解这一问题。云的另一端有专业的管理人员对系统软件及硬件进行维护，能够为企业档案管理带来更多便利。可见，企业文档云化管理之必要性非常明显，是企业顺应时代发展趋势的具体表现，也是提升自身实力的重要途径。

2. 企业文档云化管理应用相关建议

要实现"互联网+"赋能企业文档管理，产生良好的效益也不是轻而易举的，需要做好以下几方面的工作：

（1）做好规划和准备。企业要结合自身IT需求，对文档云化管理模式的引入做出详细的规划和准备，如企业预期目标、选择的供应商等。按照详细的规划开展工作，能够确保文档云化管理作用的有效发挥。

（2）落实安防工作。文档中含有很多企业的机密信息，因此做好安防工作非常必要。详细来说，首先，要对现有安防管理设备性能进行分析，同时将云技术作为基础框架，明确其中存在的问题、可能遇见的风险等，最终做好综合性评估。其次，企业应针对不同的云模型等进行分析，明确适合自己的云模型，合理选择路线。通常，公有云较适合大型企业，而私有云更适合中小型企业。最后，针对现有安防漏洞进行完善和调整，为企业文档管理工作提供保障。只有这样，才能够加快企业发展进程，避免受到不良因素的影响。

（3）选择方案。选择云技术作为文档管理的核心技术，势必要对IT管理体制进行调整，因此企业管理者应对IT基础设施进行针对性调整，如部门人员数量等，实现对现有资源的优化重组，从而推进企业文档管理工作的持续发展。

　　综上所述，云技术自身具有灵活性、便捷性等优势，在文档管理中的应用将成为未来企业管理工作改革的必然趋势。因此企业应及时了解云技术，结合企业文档工作的特点，坚持合理原则，将二者有机地整合到一起，深入挖掘文档资源，不断提高企业文档管理水平，从而促进企业又好又快地发展。从"互联网+"赋能来看，云盒子文档的实质是连接跨企业、跨部门、跨时段的文档，支持企业内部、企业间的文件交互，提高了企业行政办公的效率。

第 8 章

"大数据+"赋能制造

"大数据+"赋能制造是当今大数据时代人们普遍关注的问题,然而,真正到了具体的应用层面,到目前为止还没有公认的成熟体系、框架。本章通过几个具体的"大数据+"赋能制造案例描述和窥探"大数据+"赋能场景,展现"大数据+"的具体应用情况,讲述"大数据+"赋能制造的方法,最后对"大数据+"赋能制造进行评价,并对取得的成效和面临的问题、难点等进行阐述。

8.1 "大数据+"制造企业赋能场景

由于当前"大数据+"制造处于理论和实践的探索阶段,企业赋能场景很难系统全面地进行概括和总结,本节通过具体案例描述一些应用场景。

8.1.1 个性化定制的数据分析

在大数据时代，个性化定制正悄然改变着整个行业。2015 年，中国的纺织服装出口行业压力巨大，出口额为 2837.8 亿美元，同比下降 4.9%。而在服装行业经历寒冬的大背景下，位于青岛的一家纺织服装企业却在 2012～2015 年连续四年增长 100% 以上，利润率达到 25%，它的名字是酷特集团。经过 13 年的内部流程改造，酷特集团从过去传统的规模量产模式，转变为现在更加聚焦消费者的 C2M 模式，成为中国制造业转型的一个典范。

酷特集团自主研发了电子商务定制平台——C2M 平台，消费者可以在线定制，选择自己喜欢的款式和板型，最后将订单直接提交给工厂，订单数据则会进入酷特集团自主研发的板型数据库、工艺数据库、款式数据库和原料数据库进行自动匹配。定制流程如图 8-1 所示，没有中间商赚取差价，没有原材料和产成品积压，从下单、支付到产品制造的全过程都是数字化和网络化运作，这种按需生产的零库存模式一方面让企业生产成本大大降低，另一方面也使消费者不必承担传统零售模式下的流通、店面、人工和库存等成本，直接让利给消费者，达到了双赢的局面。

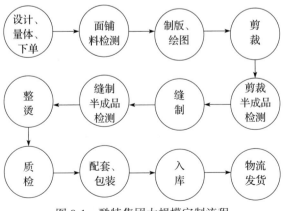

图 8-1　酷特集团大规模定制流程

定制产品除成本优势之外，C2M 模式在大数据的助力下也大大提高了生产效率。在传统的制造模式下，定制成本居高不下，而且生产过程往往超过一个月，难以量产。而酷特集团通过 C2M 平台，打破了消费者和生产者、设计者之间的藩篱，让需求能以最快的速度直达工厂。与传统服装定制相比，酷特集团已将定制生产周期降到 7 个工作日以内。

在互联网普及应用的今天，大数据正成为互联网与工业实现融合创新，实现"智能+"制造的"连接器"和"加速器"。作为制造业智能化的基础，大数据在制造业个性化定制中的应用包括数据采集、数据管理、订单管理、智能化制造、定制平台等，其核心是定制平台。定制数据达到一定的数量级，就可以实现大数据应用。通过对大数据的挖掘实现流行预测、精准匹配、时尚管理、社交应用、营销推送等更多的应用。同时，大数据能够帮助制造业企业提升营销的针对性，降低物流和库存的成本，减少生产资源投入的风险。酷特集团打造的大数据平台促进企业向高端制造转型，不仅让企业利润倍增，也让消费者享受到制造升级所带来的红利，使其个性需求得到满足。

8.1.2　空调噪声智能分析

从 2014 年第一个互联工厂落地，到目前 11 个互联工厂遍地开花，海尔已积累、沉淀出一套智能制造技术升级方法论，并将互联工厂模式软化、云化。海尔的实践给国内制造企业树立了很好的榜样。而海尔胶州空调作为其中的第七个互联工厂，总投资 10 亿元，建筑面积 10 万平方米，是目前国内生产家用空调最大的单体建筑，也是全球最领先的互联工厂之一。在海尔互联工厂建设中有着典型的大数据智能分析的需求场景及相应的解决方案，是"大数据+"赋能企业的经典案例。

就场景而言，在海尔胶州空调互联工厂中，每天快节拍、高强度的空调装配流水线工作导致检测工人听取噪声时间过长，易产生疲劳和误判，偶尔有不合格产品流转下线，则会影响生产线整体检验的可靠性。因此，胶州工厂亟须找到新式噪声识别方法，解决企业当前的痛点。

针对此问题，海尔依托自主研发、自主创新的 COSMO Plat 工业互联网平台，通过整合平台上的软件及硬件资源，与美林数据共同开发了空调噪声智能检测系统，有效地解决了无法准确、可靠识别异音的痛点。解决方案包括非结构化音频数据实时采集与存储、分析建模与智能识别、结果输出与可视化展现三大部分。

8.1.3 设备优化管理的数字双胞胎

当前新能源锂电池烘干行业有以下的痛点和需求：

- 在数字化浪潮面前，企业希望通过低成本、快速接入、企业上云的方案，实现存量和增量设备的智能物联，建立设备数字双胞胎，即设备级的"数字孪生"。
- 可视化，借助先进的可视化工具，实现设备状态、工艺流程的实时可视化呈现，为现场生产管理、设备监控和维护提供有效帮助。
- 烘干工艺分析和优化，通过积累烘干过程中真空度、温度、耗时等关键工况数据，进行最佳工艺分析，并积累工艺方案，从而为工艺咨询服务提供支撑，也助力产品研发迭代，降低设备能耗。

基于上述痛点需求，有必要采取"大数据＋"方式对企业进行赋能，不断挖掘其工业数据背后的价值，支持新能源锂电池烘干设备行业向新制造行业进行转型。

8.1.4 数据驱动的产品良品率提升

作为全球领先的太阳能整体解决方案提供商，天合光能有限公司（简称"天合光能")创立于 1997 年,为中国早期登陆美国纽交所的太阳能企业之一。截至 2016 年底,天合光能组件累计出货量突破 23GW,全球排名第一,占据超过 10% 的全球市场份额。天合光能在生产工艺、信息化水平和管理模式上历经二十多年的发展,已经处于相对成熟的阶段,然而这也意味着单纯通过传统的工艺方法与精益管理手段已经很难大幅度提升电池片 A 品率(光转化率 >18.8% 的高品质电池片占比),而当前占比为 40% 左右。同时,A 品率也难以维持在一个稳定的状态,相同的设备与工艺,在不同的工厂、不同的产线,甚至是在同一产线的不同时间段所产出的成品,A 品率也会存在明显差异。公司曾做过测算,产线哪怕是一个百分点的效率提升,即可给公司带来至少数百万元的利润。电池片 A 品率如何一直稳定在高水平状态,对利润非常微薄的光伏行业来讲具有很大的意义。因此,如何在现有工艺水平和生产条件下,实现对产品质量和成本的突破,是天合光能运营团队的迫切需求。

天合光能制造副总裁华敏洪为工业大数据项目设定了明确的目标:"天合光能期望通过大数据、人工智能技术实现生产过程的数字化和生产管理智能化、透明化,并最终实现用数据驱动生产,在光伏电池片生产 A 品率的提升上实现突破性的飞跃。"同时企业管理层也清楚地意识到,要实现上述目标,必须从外部引入新鲜的血液,要跳出原有的思维定式,才能实现从 0 到 1 的突破。2017 年 7 月,阿里云数据科学家正式入驻天合光能工业大数据项目组。该项目团队是由生产部门、信息化部门与阿里云大数据专家组成的三方联合作战团队。

电池片生产属于典型的流程制造,生产工艺复杂,主要生产环节包括前清洗(制绒)、扩散、后清洗、PECVD、丝网印刷/烧结、测试,如图 8-2 所示。整个流程对温度、湿度、浓度、压力、速度、电极、电压等变化异常敏感。过程贯穿化学腐蚀,充斥着各种化学变化与物理变化,任意一个变量以及变量间关系的微妙变化,都会对生产结果造成很大影响。而大幅度的生产线改造、设备的升级以及工艺改造意味着巨大的资金投入,同时存在很高的风险与不确定性。因此,天合光能领导层决定从现有的生产数据入手,以数据驱动的方式,通过找出数据背后隐藏的问题,识别不同参数间的关联性,获得生产工艺的最优参数,在不对产线做"大手术"的情况下,有效提升 A 类电池片占比。然而,自从智慧生产大数据项目启动以来,问题就接踵而来。

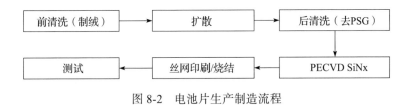

图 8-2 电池片生产制造流程

(1)数据质量差。受制于天合光能实际生产环境中数据获取手段的局限性,包括传感器、数字采集硬件模块、通信协议等多个技术限制,数据采集维度与质量被打了"折扣"。与工业数据的"大"相比,数据的全面性与多样性更有意义。数据建模的前提,需要获取与被分析对象相关的全面参数,而天合光能生产线上关键参数的缺失导致分析过程碎片化,影响数据的深度挖掘与洞察。

(2)离线数据多。只有当数据实时在线时,才能够对动态数据进行实时分析,数据才能真正发挥价值。然而,天合光能过去的生产数据多是离线数据,且数据采集时间维度多是以天甚至是周来计算,这就导致到手的数据不能真正发挥价值。例如电压、电流等数据呈现均值化(数据波动的波峰与波谷相互抵消),难以作为诊断依据,无法找出数据背后隐藏的逻辑与问题。⊖

⊖ 在后来的智慧生产大数据项目的推进过程中,当以秒计来观察数据的波动时,数据波动则非常明显。

（3）缺少多维度数据的精准分析能力。天合光能有一批经验丰富，在产线上深耕多年的工艺专家，他们对每一个生产环节、每一个生产参数都有很深的理解。工艺专家在对单个参数或是两个关联参数最佳值的判断上，比如温度、压力、速度等已经可以非常精准，然而面对数以千计的生产参数，动辄上百 GB 的数据，要找到其中的关联性以及因果关系，并精准推荐出最优的参数组合，这远远超出了人脑的计算能力。更何况，人的判断总是带有片面性和主观性，仅凭"老师傅"的经验可能会导致看似正确的误判，并错过发掘隐藏在数据背后的"不可见"问题的机会。

8.2 "大数据+"赋能制造方法

针对不同大数据需求的制造业，可以与大数据产业实现恰当的融合，进而衍生出各种类型的大数据商业模式，推动制造业完成信息化改革，达到转型升级的目的。"大数据+"制造企业赋能方法的核心在于复制，通过"复制"实现不同连接节点属性知识的精准传递，为制造业企业间的协同提供支撑，是构建跨企业、跨行业智能工厂的必由途径。具体而言，主要包括以下几个方面：

（1）挖掘人—机—物属性，支持知识复制与传递。依托大数据分析技术，尤其是结合知识图谱、规则挖掘在内的大数据分析技术，可以深度挖掘人、机、物等节点的状态和属性数据。通过知识图谱进一步对人、机、物各节点属性进行知识挖掘与复制，支持其知识在节点间传递。通过传递，可以让操控机器的人更为精准地了解机器的状态，让管理决策的人不仅能更好地了解机器的特性与状态，也能更好地了解一线操控人员的效率与状态，还能让不同生产线的机器与人在彼此更为了解的情况下实现高效率的协同。这种人、机、物之间知识的复制与传递是"大数据+"赋能制造的一条基本路径。

（2）进行"数字画像"，支持生产端与消费端的精准对接。企业在对生产、销售的历史数据分析及对上述人、机、物节点属性挖掘的基础上，依托大数据分析技术，同时面向生产端和消费端进行"数字画像"，可以支持生产端与消费端的精准对接，建立其生产线、主要客户以及市场活跃客户的个性化知识图谱，让消费者的需求变化趋势与企业生产能力以及企业技术发展方向进行有机结合，实现真正意义上的生产端与消费端的精准对接。赋能的关键在于个性化、轻量级知识图谱的构建技术，因为对中小企业而言难以承担浩如烟海的知识工程建设，这需要突破现有大数据分析所依托的传统知识工程和大量依赖人力的知识图谱构建技术。精准、轻量级的"数字画像"是"大数据+"赋能制造的另一条重要路径。

（3）实现"数字孪生"，支持产业生态价值链攀升。依托大数据分析技术，在对上述人、机、物节点属性挖掘、生产与消费端"数字画像"的基础上，可以进一步实现"数字孪生"，支持产业生态价值攀升。随着产业上下游不断加入"知识复制""数字画像"的大数据生态圈中，并且随着大数据技术的深入应用，不仅实现了对生产制造的"数字孪生"，又实现了对消费群组的"数字孪生"，从而可以构造一个协同、有序、高效的生态体系。它可以为生态圈的优化发挥重要作用，支持产业生态向协同、共赢方向发展，从而实现产业价值链攀升。这是"大数据+"赋能制造的重要发展方向与赋能路径。利用大数据方法实现与制造业的融合类型可归纳出以下三种。

8.2.1 大数据与设计研发型企业的融合

设计研发型制造业企业是指产品与零件技术不断创新，按照客户需求定制产品的制造企业。可以通过大数据技术对产品的实际运行进行实时监测和数据收集，了解产品的实时使用情况，达到精确量化客户的使用需求与习惯偏好的目的，帮助后期修订产品的更新换代设计方案，从而使研发环节更为高效，提升产品质量。与此同时，使用大数据技术可对客户的特殊需求进行分析研究，突破传统标准化生产，转向个性化定制，向服务型制造业发展，建立大数据客户信息系统，结合人工智能与机器学习技术，对未来客户的需求进行分析与预测，从而形成智能化研发与生产。

大数据与产品设计研发融合的方法有很多，比如利用网络爬虫等工具通过消费者的大数据分析预测本企业产品所在行业的发展趋势，预测产品的生命周期、投放市场的风险等。可利用专利数据库的大数据分析辅助产品的创新设计，实现技术创新和突破等。酷特集团的C2M模式就是基于客户大数据进行定制西服产品研发的典型案例。

8.2.2 大数据与生产制造型企业的融合

生产制造型企业是指按照标准加工原材料，或者对产品经过再加工进行批量生产的制造企业。针对生产制造型企业的特点，大数据可以对其在产品生产过程中直接或间接产生的大量数据进行分析处理，寻找影响生产稳定性、生产效率的质量指标的关键工艺参数和材料参数，甚至能够在零部件生产车间、总装车间等生产系统的计划调度方面发现无人知晓的深层次的影响规律，从而找到企业在生产制造过程中的隐含问题，改变过去被动等待问题出现再去解决问题的局面，转变为主动预测问题。通过大数据技术了解产品生产动态，增加生产环节的可控性，合理地进行生产调度，从而提高生产效率，降低生产成本，实现精准化和高效化生产。利用设备使用情况的大数据分析掌握设备真实的运行规律，开展预防性维护，而不是传统定期保养、更换等，可有效提高设备利用率。上述的空调噪声智能分析、设备优化管理的数字双胞胎以及数据驱动的A品率提升赋能场景皆属于此范畴。

8.2.3 大数据与设备管理企业的融合

基于新能源锂电池烘干设备行业的案例，针对痛点需求，采取"大数据+"方式对其进行赋能，不断挖掘工业数据背后的价值，支持该行业向新制造进行转型。同时，支持设备物联接入与"数字孪生"，为数据建模分析提供海量数据支撑。具体而言，该行业主要采取了以下措施：

- 为新能源锂电池烘干设备行业提供低成本、快速建立烘干机大数据云平台的解决方案，支持设备数字双胞胎构建，为存量设备及增量设备的快速智能化提供保障。
- 基于"根云·云视界"平台，实现了烘干工艺流程的可视化，支持对真空度、温度等关键参数进行实时监控和远程管理。
- 基于海量数据进行最佳烘干工艺分析，进而提升设备健康度15%以上，烘干效率提升5%以上，为优化产品和售后服务，增强设备稳定性提供了依据，提升了客户体验。

8.2.4 大数据在制造企业中的综合应用

综合能力较强的制造企业大数据应用大都是综合性的、一体化的，往往涉及产品的设计研发、生产制造、批发零售的各个环节。针对此类型的制造企业，可在生产经营过程中贯穿大数据技术，促进企业各个环节的整合。将各个系统环节集成的数据进行统一收集，在获取大量数据信息后，对其进行深度挖掘，系统化分析企业在生产经营活动中产生的物流、资金流、信息流，并将分析结果反馈到一体化制造企业的研发、生产、销售、仓储、物流环节中，形成一套以大数据为核心基础的高度集成的信息系统，保证企业的高效可靠运行，最终达到各部门之间相互制约、数据共享，促进企业资源的合理配置，降低企业生产成本，提高企业的市场竞争力和市场应变能力。

如图 8-3 所示，从大数据驱动的制造过程动态优化框架中可以看出，大数据可以应用于产品优化设计、质量可靠性分析、生产调度优化、销售分析与预测、设备异常发现、资金预测分析等方面，所用的分析方法包括相关性描述、相关性分析、大数据存储和大数据集成等。图 8-3 只是个应用实例，实际上应用远远不只这些。随着大数据应用的普及和逐步深入，其应用领域也会更加宽广和深入。所用的方法包括"智能+"的神经网络、专家系统、复杂网络和语义网络等，以及基于数理统计和分析的行为分析、语义分析、统计分析方法，还有大数据处理的分布式计算等。

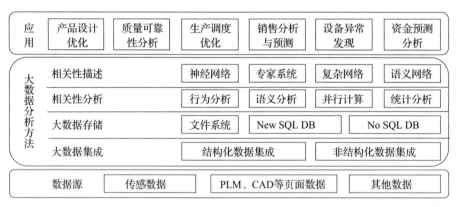

图 8-3 大数据驱动的制造过程动态优化框架

前述噪声监测的大数据智能分析的赋能方法如图 8-4 所示，核心过程如下：

（1）利用数字滤波技术自动对音频进行降噪。通过特征自动提取与样本标定，利用机器学习技术构建智能分类模型，模拟人工判断行为，构建标准化的模型研究思路。

（2）参数调优的标准化思路。智能分类模型需通过大量音频数据进行模型训练与优化,并验证其准确性。算法专家利用历史音频对模型进行验证与参数调优,通过不断扩充训练样本及模型自学习,确保识别准确率满足生产线质检精度要求,最终形成一套基于标准化思路的调优方法。

(3)智能识别模型自动完成音频文件的接入、特征提取、智能判别等工作,输出对应产品条码号的实时判别结果,对异音自动报警,并针对识别结果对产品的异音原因进行智能分类,辅助返修排故。

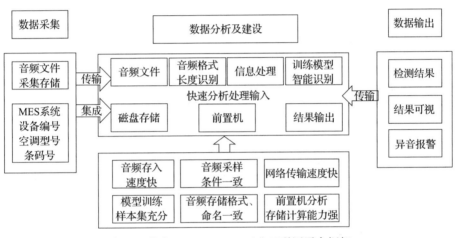

图 8-4　海尔 COSMO Plat 工业互联网平台框架

系统将智能检验结果实时反馈至企业 COSMOPlat 工业互联网平台,支持产线质量问题在线统计与分析,在企业解放人力、减少误判、提高检验可靠性等方面均有了极大的提升。此项智能检测系统的实施充分利用了设备端的嵌入式智能计算技术,以分布式信息处理的方式实现了设备端的智能和自治,通过服务器、业务系统间的交互协作,实现了检测系统整体的智能化。

基于前述大数据云平台新能源锂电池烘干设备案例场景,"树根互联"提供了新能源锂电池烘干设备大数据云平台解决方案。通过树根互联新能源锂电池烘干设备大数据云平台,可实现实时工艺过程展示与大数据分析,实现从单一的设备提供商向设备软件硬件整套解决方案服务商的数字化转型。

- 硬件层：支持新能源锂电池烘干设备各个型号的设备所采用的控制器的接入，如欧姆龙、三菱等厂商的 PLC。
- 通信层：包括树根物联模块和 M2M 接入，提供了设备本地接收并转发控制器工况指标和云端保存工况指标值的通道。
- 数据层：对海量工况数据进行存储、ETL 等处理，为应用层提供有效的数据支撑。
- 应用层：包括物联网系统和可视化系统。物联网系统记录设备位置、工况、故障报警等信息，支持维护故障代码和解决方案，对故障即时提供报警通知，并推荐相应的解决方案。可视化系统支持灵活的大屏配置开发，包括数据源、素材库、组件库等基础模块，可灵活实现设备的可视化，构建大屏应用。

天合光能电池片 A 品率产品质量提升案例中，企业主要采用了以下赋能方法：

（1）数据先行、量力而为。风险控制与成本管理是项目成功的基础。智能制造大数据项目团队一开始并没有大刀阔斧地去做整条产线设备的改造以及数据的全量实时采集，而是以小步推进的方式，从现有离线数据切入。通过收集制造执行系统（MES）的数据及设备的离线日志，对现有数据维度进行分析。当离线数据不足以支撑大数据分析时，再对关键设备升级改造，逐步开放更多真正有价值的数据，补足缺失的数据维度。对于实时性要求高的数据，则通过安装高精度传感器及阿里云的一站式数据采集接口进行数据的秒级采集、整合。项目团队通过这种渐进的方式，最终从产线采集到上千个不同维度的生产参数，为接下来的计算与分析创造了必要条件。

（2）寻找关键因子，学做减法。并非所有的生产参数都会对 A 品率产生关键性的影响。对数据做"减法"是项目至关重要的一步。这一过程需要工艺专家与数据科学家的紧密配合，工艺专家凭借其工业方面的技术诀窍对参数进行过滤、筛选、识别；数据科学家借助大数据平台，通过数据建模，对工艺参数进行量化分析，寻找关键因子。双方经过"经验"与"算力"的不断碰撞，最终发现"扩散"与"丝网印刷"是影响 A 品率稳定性最为关键的两道工序。项目团队以此为突破口，把研究聚焦在包括印刷速度、印刷压力、印刷高度、网间距、冷却水温度、流速、风速等关键因子上，使数据范围大幅度缩减，研究更为精准。

（3）工艺参数优化，"经验"与"算力"的碰撞。接下来的工作是从所聚焦的关键因子中找到最能为生产带来价值的参数组合。哪怕只有十个参数，也会产生天文数量级的组合方式，因此只有借助云计算的超级"算力"，才能在短时间内完成如此庞大的计算量。数据科学家通过在算法平台上搭建工艺参数优化模型，分析不同变量间的逻辑关系，模拟推演出多个不同的参数组合。然而哪组才是最优"配方"呢？这时，"老师傅"的经验很好地弥补了数据科学家在工艺知识上的空缺。数据间存在着基本的逻辑关系，比如速度越快，压力就越大，与自然规律、常识相悖的数据，"老师傅"可以凭借经验并借助 DOE（试验设计）将由数据模型推导出的参数组合做减法，排除不符合生产与工艺逻辑的参数，大幅减少了后续的工作量与时间成本。

（4）上线测试，产线上练兵。由于各自的专业领域不同，工艺专家与数据科学家对数据的理解也会存在差异，在参数选择上的分歧难以避免，因此只有通过上线实测的方式才能验证数据的价值。实测以"小步、快跑、迭代"的方式进行，项目团队选出四条产线作为测试线。起初是以小批量进行测试（200 片电池片），根据测试结果进行持续调优。随着 A 品率以及生产稳定性的小步提升，测试规模从百片到千片直至上万片，测试周期也从以小时、天为单位延长到以周为单位。经过几十次的批量测试以及持续调优，最终才得以发现能够突破原有 A 品率水平的那一组最优的参数组合。

8.3 "大数据+"赋能制造的效能评价

8.3.1 赋能成效

不可否认，"大数据+"赋能制造业取得了可喜的成效，在诸多方面提升了制造业的核心竞争力，具有良好的发展势头。

首先，基于统一标准化思路驱动的工业大数据产品研发设计，实现了研发过程的智能化，提升了创新能力、研发效率和设计质量。通过产品全生命周期数据的采集、工业大数据建模和数字仿真技术优化设计模型，及早地发现设计缺陷，减少了试制实验次数，降低了研发成本，提升了设计效率，缩短了产品研发周期。比如酷特的西服定制，基于数据标准化思路的企业全流程的数据集成贯通与工业大数据建模分析，支撑了个性化定制为代表的典型智能制造模式。基于研发知识库的大数据产品模块化分析，以及协同创新平台所整合的内外部产业链协同设计能力，可实现产品的个性化设计。基于工业生产大数据的互联，工厂柔性化生产能力保障了个性化设计订单低成本高效率的制造。结合物流大数据分析优化的物流配送系统，可充分保障个性化定制产品在最短时间内按承诺交付至用户。

其次，综合制造过程中对设备、效率、成本、能耗等数据展开建模分析，实现了运行过程的状态监测与优化工艺参数推荐。通过对生产工艺过程参数，设备运行状态参数与产品质量性能、生产线排产负荷、能耗等数据进行关联性深度挖掘，形成数据闭环，进而可得出工艺参数的最优区间、车间排产计划的最佳方案、厂房能效优化最有效的调控手段等。另外，基于大数据构建的产品故障预测系统，能帮助用户实时掌握产品状态，在产品出现异常前展开预测性维修。例如，天合光能电池片 A 品率产品质量提升项目从 2017 年 7 月启动以来，团队历经五个月的努力，主要取得了四个方面的成效：

- A 品率模型数字化。生产 A 品率的实际测试值提升了 7%，每一批测试结果都维持在相对稳定的状态。根据项目组测算，基于天合光能全年的产量，一个百分点的 A 品率提升可带来至少数百万元的利润，7% 则意味着数千万元的利润，相当可观。
- 生产数据在线化。目前通过阿里云的一站式数据采集接口，已连接天合光能超过 200 台生产设备，海量数据通过网络实时上传至阿里云大数据平台进行实时计算。
- 生产管理透明化。通过可视化大屏工具，实时展示产量、质量、设备相关数据等信息，实现生产数字化、管理透明化。
- 生产预警自动化。通过对设备数据及工艺参数的实时监控，结合工艺参数分析模型，实现设备异常及工艺参数异常的提前预警，进而实现生产过程的主动管理。

该团队利用大数据 / 人工智能提升高品质电池片 A 品率，将其提升了 7%，创造了数千万元利润。

最后，工业大数据技术的发展和相关标准化工作的推进，也带来了产业链上下游企业间各协同环节的信息共享和同步升级，企业可根据自身优劣势对业务进行分析并重新取舍，整合资源实现平台化运营，优化价值链。

8.3.2 存在的不足

与此同时,制造业与大数据融合仍存在一些不足,具体如下。

(1)大数据与实体经济融合的产业体系有待完善。我国目前尚未形成大数据产业统一的统计口径,对大数据产业的描述多为"大数据相关产业"等模糊性概念。产业界定不清晰会带来规划上的不兼容,同时数据资源的开放和共享程度较低、数据权属不清、数据交易效率不高等基础性产业体系也不成熟,这些都将对大数据与实体经济尤其是制造业的深度融合带来不利的影响。

(2)设备连接不足,制造业应用大数据的基础较弱。近年来制造业创新热情不高,大数据领域的大部分创新成果仍集中在高科技公司和互联网公司,制造业的创新则主要集中在工艺和产品方面,商业模式创新占比低,企业设备数字化率和装备数字化率较低。制造业在应用大数据开展技术研发、应用以及设备更新时,面临转型成本高、风险大等困难,导致企业转型意愿不高、大数据在制造企业落地难以及企业承载能力较弱等问题。

(3)工业大数据整体仍处于起步阶段,相关研究成果不足,转化率低。目前大数据应用最多的领域仍集中在金融、电商、政务、医疗等方面。工业大数据的应用才刚刚起步,加之制造业生产的复杂性和行业投入要素的异质性,使得大数据在制造业中的应用场景和模型不足。另一方面,大数据方面的技术供给与制造业转型需求的匹配不足,科研成果转化成本高,转化率低。

(4)大数据人才短缺制约了制造业与大数据融合的步伐。当前,大数据和制造业的融合短缺两类人才,一是大数据领域的专业技术人才,主要是负责大数据核心技术领域的成果研发和技术创新;二是制造业方面的大数据应用人才。推动我国制造业和大数据的跨界融合,势必需要既了解制造业业务发展需求,同时又掌握大数据专业技术和管理的复合型人才,他们是真正推动大数据和制造业融合的关键。

8.3.3 赋能的难点

同时，对企业来说，"大数据+"赋能制造也存在一些难点。

在技术层面，企业应用工业大数据面临的技术挑战包括普遍处于数据基础薄弱的境况，收集的数据不够完整，甚至没有数据。企业的数据转型迫切需要战略上的调整，才会有较大的投入，如果没有这种战略规划，就很难负担得起专业数据人才的成本。同时市场上也缺乏工业大数据所需的复合型人才。另外，每个工业领域里都有独特的知识领域和机理形成的行业门槛，到目前为止，还没有一个普适性的解决方案可以在工业领域里通用。而行业解决方案，只会对某一个行业发挥相应的价值。

在管理层面，难题也同样存在。很多合作伙伴或客户初期并不知道数据和业务问题之间怎么关联、怎么和业务结合，以及数据到底能不能解决业务问题等。某些企业有应用工业大数据的愿景，但是业务与工业大数据的实施方法一直以来都没有统一。

除此之外，大数据不仅仅包括物联网数据的采集与存储，还包括数据的管理、分析与反馈，需要在数据生命周期内构建一个闭环系统，但是构建这个闭环系统需要一个过程，不可能一蹴而就。同时，大数据的应用会涉及企业内部管理流程和经营理念的变革。工业大数据是把工业领域内三类数据进行融合应用，真正发挥大数据价值的场景不仅仅是智能制造，同时也包括产业互联网里的业务模式创新，所以相应的经营理念和管理机制都要发生变革，这是企业在管理方面的最大挑战。因此，有时候大家会看到，工业企业的大数据应用不仅仅是一个企业的 CIO 所能牵引的，更需要整个企业在战略层面去推动，要有明确的数据驱动的业务战略规划。

第 9 章

"人工智能 +"赋能制造

本章通过不同行业、不同侧重点、不同应用情景的三个具体的"智能 +"赋能制造案例,阐述"智能 +"赋能制造的具体场景、方法及评价等关键问题,希望通过案例分析引起读者的思考,体会"智能 +"赋能制造业的基本方法。

9.1 "人工智能 +"赋能制造场景

由于当前"人工智能 +"制造处于理论和实践的探索阶段,应用领域十分广泛,企业赋能场景很难系统全面地进行概括和总结,本节通过具体的案例描述一些应用场景。

9.1.1 能源管理智慧化:能耗优化

恒逸石化股份有限公司是一家产业链一体化、石化化纤主业突出的制造企业,是全球领先的精对苯二甲酸(PTA)和聚酯纤维(PET)制造商。PTA产能1350万吨,占全球40%的市场份额,排名第一;聚酯纤维产能全国排名前三。

恒逸石化虽然是中国化纤行业的佼佼者,但在过去的五年里,公司盈利受到严峻挑战。受全球经济下行的影响,整个行业都处于下降态势。2012~2016年,我国聚酯化工产能加速扩张导致产能过剩严重,行业开工率从2011年的90%骤降到70%,行业竞争压力趋大。

面对上述困境,国家"十三五"规划为中国石化行业的发展明确了主要方向:调结构去产能,创新驱动,绿色低碳发展。大力推进智能制造,加快两化融合。加深大数据、云计算在化纤生产全流程领域的应用。恒逸石化近几年开始在智能制造与工业大数据方面进行探索,公司打造的聚酯纤维智能工厂,实现了各生产环节的可视化、数字化和智能化。公司在2016年年报中推出了"互联网+"行动计划,重点推动电子商务、大数据、机器换人、机联网等与公司业务进行结合,推进公司由"制造"向"智造"转型。2016年恒逸石化把智能制造列为公司的三大战略之一,由信息化部门牵头推进,这为后来的工业大数据项目做了很好的铺垫。

智能制造大数据项目由首席信息官(CIO)统一协调并高效推进其开发、落地、实施。公司IT团队的人才结构是跨学科的,除了IT人才,公司还会招揽有自动化控制、化工、大数据甚至是项目咨询管理背景的人才。这种跨学科团队既了解新兴的IT技术,又懂生产工艺,在新技术与工业场景的结合上体现出很大的优势。当被问及为什么选择与阿里云合作时,CIO回答道:"化纤行业作为典型的流程制造行业,具有工艺一致性和标准程度高的特点,需要复杂的品质管控,整个生产过程都是由系统自动化控制,数字化程度高,积累了大量相对完整的生产历史数据。然而所有的数据都处于沉睡状态,并不知道如何开发、利用,行业内部也没有找到相关的最佳实践。公司希望借助阿里云在云计算与人工智能领域方面的专业知识，跳出化工行业的传统思维框架，唤醒这些沉睡的数据。"于是，2017年3月，阿里云数据科学家正式入驻恒逸石化智能制造大数据项目组。项目团队由恒逸石化首席信息官整体负责，形成由信息化部门、生产部门与阿里云大数据专家组成的三方联合作战团队。

起初，恒逸石化与阿里云大数据团队对对方领域都比较陌生，并不清楚项目该从哪里切入。鉴于此，恒逸石化工艺专家亲自带领阿里云大数据团队下车间实地调研，并经过团队多轮讨论，一致认为应从降低能耗入手，这样做项目风险相对较小，也存在较大的提升空间。因为化纤行业属于高耗能行业，哪怕是提升1%的燃煤效率，也可节省上千万元的成本，潜在效益可观。

锅炉是工厂的核心发电装置。工程师凭借经验对锅炉的各种运行参数进行调节，控制炉温。然而，锅炉设备结构复杂，燃烧过程中变量多，压力、流量、风速、温度都会影响最终的燃烧效率，可谓牵一发而动全身，哪怕一个参数的变化都会对整个锅炉燃烧过程与燃烧效率造成很大的影响。仅凭经验判断，难以明晰数百个变量间的逻辑关系，更无法根据锅炉燃烧状态做实时、动态的参数调节。同时，经验的传承与沉淀也是个问题。经过恒逸石化工艺专家与阿里云大数据专家的评估，一致认为提升燃煤效率"大有可为"，于是定下了工业大数据项目的阶段性目标——通过云计算与深度学习识别锅炉燃烧过程中的关键因子，找出最优参数组合，提升燃煤效率。项目团队以杭州聚酯工厂作为试点，并选择了其中一个燃气锅炉做数据的采集、分析与测试，至此项目正式启动。

很多企业在开展工业大数据项目时，倒在了数据采集这一门槛，而恒逸项目团队在这方面并没有遇到很大的挑战。石化行业的自动化与数字化一直保持着较高水平，作为石化行业的领军企业，恒逸多年来一直注重数据的积累，累积了大量的全量历史数据，大大降低了大数据分析的门槛。为了减少工程师与阿里云数据专家间的意识分歧，公司为技术骨干增开了培训班，帮助他们了解云计算、大数据等新一代数字技术的价值，以及未来工程师的职能定位，消除他们的顾虑。而阿里云的数据专家也在积极补课，他们阅读了大量关于设备与工艺方面的资料，以减少专业层面的沟通障碍。就这样，双方逐渐建立了信任。

9.1.2 产品调试智能化——"瘦身增效"

京信智能制造副总经理葛鑫的观点是："数据驱动测试优化，突破自动测试边界，赋能智慧测试新模式。"

京信车间生产线覆盖了产品的装配和测试工序，可支持 12 款主流产品的实时混线生产。产品在线上被自动扫码识别，车间的管理系统会直接根据产品的型号实时向机器人下发指令，产品完成装配，AGV 忙碌地搬运着各种物料……

以上场景发生于京信通信位于广州的一家工厂。成立于 1997 年的京信通信是全球领先的无线通信与信息解决方案和服务提供商，2003 年于香港联交所主板上市。京信通信为全球 80 多个国家和地区提供移动网络及行业应用整体解决方案。

1. 智能制造升级之路

京信通信集团副总裁陈遂阳表示，20 年一路走来，京信通信发展并非一帆风顺：行业竞争激烈，企业议价能力弱；产品更新换代快，小批量、多品种产品需求呼唤更强的柔性生产能力；招工难，劳动力成本与原材料成本不断攀升……

面对外部市场环境挑战，早在 2006 年，京信通信就开始积极布局工厂的自动化与信息化改造，并在新技术引入上做了大胆的尝试，以实现工厂的降本增效。自动化端，京信通信从关键岗位的自动化升级到产线的自动化与柔性化改造，再到人、机、料、法、环（环境）的互联互通，以及智能物流、数字仿真与模块化设计上的投入，如今的工厂已经具备了良好的混线生产能力。在信息化端，企业2006年就开始花大力气部署ERP、PLM、RDM、OA等应用。2013年，信息化重点升级到系统间集成，同时补足了制造执行、订单管理、仓储管理等系统。

然而，在2017年之前，京信通信自动化与信息化建设像火车的双轨，虽然离得很近，实则并没有产生交集。企业意识到，IT/OT集成是实现生产智能化、网络化与数字化绕不过的坎，如图9-1所示。于是，2017年，公司果断开发了SCADA系统，实现了生产设备互联，同时工厂端部署了大量传感器，以此作为连通数字与物理环境的桥梁。设备数据首次可以在各业务间流转，帮助优化企业销售、计划、采购、排产等决策。得益于自动化、信息化建设以及新技术的部署，2013～2017年，生产工人数量减少了50%，产能增加了10%。

图9-1 京信智能IT/OT

2. 哪里最痛，就从哪里入手

工业大数据的场景聚焦是很多制造企业最为头疼的地方，而京信通信却没有这方面的担忧。在与阿里云的合作过程中，阿里云大数据专家邓超对京信的评价是"最清晰地知道生产数据如何使用的企业"。公司早期就明确了工业大数据的方向与定位，即利用大数据提升生产过程中调试环节的效率。产品调试是京信生产过程中最为重要的环节，调试环节的成本占总生产成本的比重高达30%～40%，且耗时耗力。以某种多模产品为例，调试与测试项目多达300项，且很多指标之间存在相互关联，调试与测试周期长，单个产品平均耗时超过1个小时，严重影响产品的生产进度（京信通信案例，阿里云研究中心，2018）。

9.1.3 决策知识自动化：有色金属原材料采购

有色金属工业是我国实体经济的基石，是实现制造强国的重要支撑，也是我国结构性改革和绿色发展的主战场之一，其智能制造的发展尤为重要。改革开放以来，经过技术引进、消化吸收和自主创新，我国有色金属工业在装备提升、工艺技术改进、产能结构调整、境外资源开发利用等方面取得了明显成效。目前，我国已成为世界上品种最齐全、规模最庞大的有色金属制造大国和消费大国，形成了较为完整的现代有色金属工业体系。然而，我国整体上还不是有色金属工业制造强国，仍然面临着绿色化与高效化发展的挑战及诸多问题，主要表现为：

- 优质资源枯竭，难治有色金属资源比例大，生产装备和工艺水平有待进一步改善。
- 废水、废气和废固排放体量大，能耗总量大，能效与环保水平有待进一步提高。
- 生产过程自动化程度不高，对操作人员依赖性大，生产控制优化有待进一步智能化、自动化。

- 企业生产、经营和管理缺乏快速和主动响应市场变化的敏捷决策机制，智能决策水平有待进一步提升。

由此可知，资源、能源、效益和环境是制约我国有色金属工业发展的主要瓶颈问题，我国有色金属工业绿色化和高效化转型升级已迫在眉睫。"智能+"是有色金属工业绿色化、高效化转型升级的必经之路。其中，以高效综合利用复杂矿产资源的绿色选冶技术，实现生产过程的智能自主控制，提升企业经营决策的智能化水平是我国有色金属工业高效化和绿色化转型升级的关键。新一轮科技革命和产业变革与我国加快转变经济发展方式形成历史性交汇，为有色金属工业实施创新驱动发展战略提供了重大机遇。新一代人工智能、大数据等现代信息技术和有色金属工业的紧密结合，为我国有色金属工业的转型升级提供了重要的技术保障。以人工智能驱动有色金属工业绿色化和高效化转型，实现智能化发展，对我国有色金属工业智能制造具有重大意义。

在现代有色金属工业企业中，许多体力劳动已逐渐被机器替代，企业的管理和控制主要依靠知识型工作者来完成，其核心是知识型工作。随着企业规模的扩大和信息化技术的深化应用，知识型工作者无法胜任新信息环境和海量数据下的工作，人工操作、决策存在主观性和不一致性，无法实现工业生产全流程的整体优化，知识的推广、积累和传承十分困难。知识型工作是对知识的利用和创造，其核心要求是完成复杂分析、精确判断和创新决策的任务。知识自动化主要是指知识型工作自动化，著名的麦肯锡（McKinsey）全球研究院曾在其发布的报告《展望2025：决定未来经济的12大颠覆技术》中将知识型工作自动化（Automation of Knowledge Work）列为第二大颠覆性技术。因此，知识自动化在有色金属工业中应用潜力大、前景广阔。

我国有色金属冶炼企业在原料采购时往往面临以下问题：

- 原料来源广，供应商往往超过百家，成分复杂多变，品位、价格不一。
- 企业生产规模大，对原料的需求量大，原料采购占用企业大量资金。
- 生产对原料有严格的质量要求，如金属品位、杂质含量等。
- 生产的连续性要求企业有合理的库存来应对各种不确定性因素。
- 市场变化快，企业产品市场与原料市场存在脱节现象。

在以往的生产经营管理中，企业的原料采购主要凭借采购人员自身的经验进行决策，是一项典型的知识型工作。人工决策时要考虑采购目标、外部状况、供应状况、企业状况，以及资金、库存、供应商关系等复杂问题，并时常会因决策考虑不周全而给企业带来损失。对此，可以充分利用互联网、大数据和人工智能技术，采用冶炼企业原料采购决策知识自动化的"智能+"赋能手段解决上述问题。

9.1.4 质量检测智能化——电池片瑕疵检测

正泰新能源是正泰集团旗下集清洁能源开发、建设、运营、管理于一体的系统能源解决方案提供商，主要致力于光伏组件的生产和销售，以及光伏电站、储能、配网售电、微电网、多能互补等综合能源的投资建设，至2018年年底，全球累计投资建设光伏电站3500兆瓦，光伏组件产能达到2500兆瓦。

正泰新能源的发展有很强的行业代表性。光伏发电成本正快速逼近石化能源的发电成本，一旦成本持平，凭借其在绿色发电上的绝对优势，光伏产业将迎来市场拐点。但目前形势依然较为严峻。正泰新能源副总裁黄海燕女士表示，当前中国光伏产业主要有三大难题。

- 一是利润微薄，光伏企业严重依赖国家补贴，企业市场行为受补贴政策影响巨大。

- 二是经常成为国家间贸易壁垒的受害者。全球 60% 的硅料、85% 的硅片以及 70% 的电池片都来自中国，而欧洲的"地板价"、美国的"双反税"等地方保护政策严重影响到中国光伏企业在国际市场的竞争力。
- 三是客户对产品品质的要求更为"苛刻"，间接地增加了企业的生产与运营成本。

只有自身能力提升，才能从容应对外界市场环境的波动。正泰新能源多年来一直是智能制造的最佳实践者，从引进先进的自动化生产线到自行开发 MES 系统等，都做得有声有色。随着大数据、人工智能、云计算等新一代信息技术的产业化落地，正泰嗅到了新的机会。正泰新能源质检经理罗刚表示，公司在选择大数据与 AI 落地场景上，并不是一上来就挑战高难度，而是从复杂度相对较低、数据采集难度较小、数据质量能够得到保证且收益明显的场景入手，这样才能确保项目的成功率，起到示范作用。对正泰来讲，电池片和组件的质量检测环节正好满足上述条件。

质检素来是生产环节中占用人工多、耗时长且不产生直接价值，但又无法忽视的环节。在光伏行业，车间质检人员都是通过 EL 专用设备对产品进行检测，再用肉眼寻找瑕疵来判定产品等级。辨认每张 EL 照片一般耗时在 2 秒以上，遇到难以判断的图片，甚至要花上更多工夫，既低效又低质。为了控制劳动力成本，正泰同其他多晶电池生产企业一样，不得已采用抽检方式，这就导致出现漏网之鱼，影响客户满意度。正泰新能源寄希望于 AI 图像技术，将人工抽检变为机器全检，提升产品出厂合格率。

何为 AI 图像质检？简单地讲，就是将一块电池片放到一个与计算机相连接的摄像头下面，由计算机来识别产品是否存在缺陷。其实，正泰多年前就已经利用该技术代替人力做单晶电池片的自动检测。然而，多晶电池片的复杂程度远高于单晶，多晶中每个晶粒的大小和形状各不相同，即便是当前行业中最聪明的算法也难以在密密麻麻的晶粒中准确捕捉到细小瑕疵。因此，当看到了阿里云工业大脑在协鑫集团、天合光能等光伏企业的成功应用，正泰新能源决定与阿里云 AI 专家合作，借助阿里云 ET 工业大脑 AI 图像质检技术，共同攻克多晶电池片及组件瑕疵检测这一难题（正泰新能源案例，阿里云研究中心，2018）。

9.1.5 物流园区智慧化——未来园区

全球贸易频繁是 21 世纪不可逆转的趋势，这也要求物流变得更高效、更智慧、更安全。依托互联网形成的开放共享、合作共赢、高效便捷、绿色安全的智慧物流生态体系，使得先进信息技术在物流领域得到广泛应用，仓储、运输、配送等环节的智能化水平显著提升，物流组织方式不断优化创新。基于互联网的物流新技术、新模式、新业态成为行业发展新动力。

"未来园区"是"全国 24 小时、全球 72 小时有货必达"的重要保障，是阿里 all in 的智能物流骨干网的核心节点，也是中国在 2020 年提供的现代园区全球解决方案，其成果特点归纳起来是"12365"：

- ①一个核心——智慧物流大脑。
- ②两大部分——智慧园区（仓外）、智慧仓储（仓内）。
- ③三大技术——IoT 物联网、边缘计算、人工智能。
- ⑥园区管理六大场景——工作人员生物识别、运输车辆自动导引、监控探头自主计算、设施部件自我诊断、水电管理实时控制、园区安防自动巡查。
- ⑤仓储运营五大创新——AGV、机械臂、全自动流水线、智能选包（包装）系统、电子面单打印粘贴一体机。

"未来园区"的核心亮点包括：

"一切设备均有传感器"。菜鸟是国内首个使用 LoRa 物联网协议的物流园区，通过传感器，整个园区内的各种设备、设施连接在一起，从而实现对园区内的电表、水表、温度、湿度，以及仓内堆高情况、地下室浸水情况，甚至井盖倾斜情况等的实时感知，一旦出现异常，可立即报警。这减少了园区传统的依靠人工抄表、巡查的工作量，并且更加可靠。

"一切摄像头自主运算"。未来园区里分布的摄像头和普通物流园区的看似相似，却有着本质的不同，每个摄像头都能对捕捉的影像进行实时计算分析，可以实现车辆的智能调度、备货的科学管理以及员工异常行为预警，这意味着不再需要人工 24 小时的值守与监视。同时，云计算的模式虽然提供了强大的计算能力，但是对网络带宽提出了更高的要求，每个园区上百个摄像头的视频数据实时上传到云端，这需要很大的网络带宽，现实中没有哪个园区具备足够的带宽能力，但是边缘计算却很好地解决了这个问题。由于摄像头都具备计算能力，因此将所有的事件在本地进行识别和判断，只需将结果上传到云端即可，这样极大地节省了带宽。同时，由于摄像头是在本地计算，不用经过公网，可以为园区本地的异常事件提供毫秒级的响应速度。

"人工智能让机器学会思考"。智能化仓储及分拣中心是未来园区的重要组成部分，包括智能化存储、智能拣货、智能分拣三大模块。而自动化流水线、AGV、机械臂的投用让仓储、拣选、分拨效率大幅提升。同时利用菜鸟自主研发的信息系统整体进行管理调度，有效解决了传统物流中心存储效能低、拣货效能低、分拣效能低的问题。物流园区内采用菜鸟独有的全机器人作业场景，将所有作业员工的步程全部使用 AGV 进行替代，人员行走距离减少 90% 以上。柔性化 AGV 的运用打破了传统自动化以输送线、旋转货架、阁楼货架等为主的设备状态，在可复制性、模块化、调整柔性上更胜一筹。对比目前行业内流行的普通 AGV "货到人"的拣货模式，菜鸟又进一步开发出 AGV 组车功能、AGV "车到人"功能、AGV 货到人功能、AGVrebin 功能、AGV 投线功能、AGV 盘点及商家功能六大功能模块。复杂的机器人及自动化运用场景依靠的是强大的系统作业控制及调度算法，而菜鸟在 AGV 机器人调度算法、补货智能算法、多区作业均衡算法、机器人多功能混用模式算法等方面做到从无到有，最终开发出行业首例 AGV 全流程应用模型和算法系统。

在中国物流与采购联合会、中国交通运输协会、中国仓储与配送协会组织的科技创新奖和优秀案例评选中，"未来园区"项目获得表彰，实现了大满贯。

9.2 "人工智能+"赋能制造方法

针对上节所述"人工智能+"制造企业赋能场景，本节阐述"人工智能+"赋能的基本方法，并给出几个案例。由于物流园区自动化的赋能方法和场景一并描述了，因此本节不再赘述。

"人工智能+"制造企业赋能方法的核心在于连接"感知"与"决策"，从而实现不同节点间协同的自主调控与快速响应，为人机融合下制造业企业智能自主掌控提供支撑，是构建跨企业、跨行业智能工厂的重要基石，具体而言主要包括以下几个方面。

（1）连接"感知"与"决策"，实现生产制造快速响应。依托人工智能技术，实现人、机、物在生产过程中的"自主掌控"，支持制造环境下跨场景智能分析。诚如阿里王坚院士所言，天下最远的距离就是摄像头与交通指挥灯之间的距离。人工智能赋能的重要意义就在于拉近摄像头与交通指挥灯之间的距离，换言之，就是"感知"与"决策"之间的距离。"感知"在这里不仅包括工业传感器感知到的数据，也包括互联网爬虫感知到的消费者的需求数据，还包括通过知识图谱"感知"到的人、机、物的属性与状态数据等，所有可见皆可纳入"感知"范畴。"决策"就是要基于"感知"做出响应，并且是快速响应，这种响应可以是对消费者需求"感知"后的快速生产部署，也可以是本着降低成本、提高效率的协同制造等。这是"人工智能＋"赋能制造的基本路径。

（2）通过云与大数据，实现消费驱动型智能制造。依托人工智能技术，可连接当今与未来，动态刻画趋势，是真正意义上对生产与消费间信息不对称的破解之道，有助于实现消费驱动型智能制造。借助人工智能技术，可以极大地放大人脑的功能。而现有人脑的决策受限于人类眼、耳与心理计算能力的局限，往往只能在熟悉领域、所见范畴进行决策，并且对人脑潜力的挖掘又依赖于长期的教育与实践，这些都制约了人脑功能的发挥。例如，与人类对弈的AlphaGo可以快速完成对人类历史棋局的训练，而人类完成此类训练往往需要十数年。人工智能在大数据支撑下，得以感知大场景、大尺度数据，可以把制造生产端与消费者端直接打通，"感知"需求，"预见"需求，并快速协同生产制造进行响应，实现消费驱动型的智能制造。这是"人工智能＋"赋能制造的重要路径。

（3）打造工业大脑，实现产业价值链攀升。依托人工智能技术打造工业大脑，可以实现产业价值链攀升。在"人工智能＋"的驱动下，未来行业将出现行业级工业大脑，各企业也会出现边缘型企业级工业大脑。这种工业大脑并不是简单的云端的一些代码与程序，也不是简单的制造业信息系统，它是人、机的高度融合体，是对人脑功能的延展而不是替代。正如未来学家迈克斯·泰格马克（Max Tegmark）所描绘的生命3.0那样，它是一种新的生命形态。这种工业大脑的构造过程始于"互联网＋"驱动下的连接，因连接而延伸了工业大脑的"感知"，又得益于"大数据＋"驱动下的复制，因复制而扩展了工业大脑的知识，最终将随着下一代人机深度融合的人工智能技术的发展而逐渐成形。快速抢占工业大脑高地，是实现产业价值链攀升的重要方向。这是"人工智能+"赋能制造的重要方向。

9.2.1 能源管理智慧化：云计算

恒逸化工项目是通过云计算实现的，具体推进可大致分为四个阶段。

1. 模型搭建

项目团队收集了过去 7 天的离线数据，多达几百个不同维度的参数，包括锅炉温度、压力、流量等。数据科学家借助 Maxcompute 大数据平台，通过数据建模，对工艺参数进行量化分析，寻找关键参数。他们通过算法与机器学习，将参数从最初的几百个缩减到对燃烧温度影响最大的十几个（具体参数暂不对外公开），在此基础上搭建参数模型。

2. 参数调优

由于上述阶段所搭建的模型需要"喂"更多的数据才能验证其准确性，数据专家利用最近三个月的离线数据对模型进行验证并对参数做进一步调优，对一些超出工业常识与边界范围的参数设定，工艺师傅们则会给予及时的反馈。经过反复验证及多轮调优，最终形成了更为优化的参数模型。

3. 上线测试

参数模型只有拿到线上实测，才能验证其有效性。上线后的第一次测试结果就超出了大家的预期——燃煤效率提升 4.1%，这意味着一家工厂一年可节省 1600 万元的燃煤成本。如果在公司内部全面推广，全年燃煤成本节省将非常可观。

阿里云数据专家解释说,"虽然模型被验证是有效的,但是参数会根据实际的环境变化而动态变化。阿里云借助 Data Hub 大数据平台对数据进行秒级采集,并每隔两分钟做参数的动态推荐。工艺师傅则会手动录入数据到设备中,实时控制锅炉的燃煤状态。"

4. 云端运行

为了便于多方人员的有效沟通,也为了更高效的版本控制管理,该项目最后采用云计算模式运行。

恒逸大数据项目引发的思考很多。AI 与化工行业天然适配。根据中国信息化百人会 2016 年统计,石化行业的生产设备数字化率与关键工序数字化率分别是 53.6% 与 68.8%,远高于其他工业垂直行业。在数据实时全量采集上,化工行业基础相对扎实,更容易形成数据价值闭环。此外,石化行业属于资本密集型产业,设备资产投入大,生产环节中单个工序所产生的价值占总价值比重高,因此人工智能技术所带来的投资回报也更为可观。

(1) AI vs. 工艺专家。人工智能专家吴恩达说过,AI 的落地应用创造了更高级的工作形式,而经过培训的员工则可以拿到更高的薪资,从事更高级的劳动。人工智能与工艺专家并不是对立关系,而是相互吸引。被人工智能技术"加持"的工艺专家将会成为企业的核心资产。

(2) 谁来领导智能制造。应该由谁领导企业的智能制造转型一直是争议的焦点。制造部门凭借其在生产工艺 Know-How 上的优势,通常会赢得在智能制造项目上的领导权。而恒逸石化向我们展示了信息化部门在智能制造项目上的优势与领导能力。智能制造的数字化、网络化与智能化需要 IT 赋能,转型成功的信息化部门会从企业的边缘部门跃升为核心部门,成为智能制造创新的引领者。

阿里云创始人王坚博士说过，"没有互联网的制造业就没有未来"。衡量经济发展水平的标准将慢慢从以电的消耗向以计算能力的消耗转变。制造业会是消耗整个世界计算能力最重要的部分，也许会超过 70%。云计算、大数据与人工智能正成为新的生产要素。生产环境的信息以数字化的方式呈现，数据在两个平行世界间流动并形成闭环，可以创造巨大的商业价值。阿里云在包括天合光能、中策橡胶、协鑫光伏、恒逸石化、固德威等众多工业大数据项目中，证明了云计算与人工智能在良品率提升、生产工艺优化、设备可预测性维护、降低能耗等场景的巨大潜能。未来，算法工程师下车间与工艺专家一起进行参数调优，将成为制造"新常态"。

9.2.2 产品调试智能化：工业大数据

1. 工业大数据之旅启航

利用工业大数据优化产线并不是突发奇想，早在京信通信启动智能制造项目之时，大数据就被列为项目规划的重要组成部分。过去十年来，企业在自动化、信息化以及 IT/OT 融合上的持续投入为工业大数据 / 工业智能化的能力施展做了很好的铺垫。设备数字化与网联化，以及与 MES、ERP 等工业系统的互联互通为工业大数据的实施打下了足够扎实的数据基础。

京信智能制造副总经理葛鑫表示："在生产测试环节，企业已经触碰到了天花板，能想的办法都想了。这个时候我们就在设想，能不能再从数据中深挖一些价值。"于是，2018 年 11 月，京信通信智能制造团队与阿里云工业大数据专家接触，并定下了实施目标：以阿里云的云计算能力和"Dataworks"大数据计算平台为基础，通过数据上云以及工业大脑的部署，在云端汇总并打通生产关键环节的数据，以测试 / 检测数据为主体，利用算法模型进行制程能力的综合分析与评估优化，提升测试效率。当明确了工业大数据的突破场景与目标时，京信通信很快就成立了工业大数据项目团队，以智能制造部为牵头部门，产品事业部、IT部、生产部门及阿里云大数据专家团队为核心成员。项目分为四个步骤：

（1）多维数据收集。大数据团队从一款信号拉远设备的数据采集入手。该产品需要的调试和测试项目分别有80个左右，而每个项目都有9个数据维度。通过京信通信自研的数据采集系统进行产品的多维度数据采集，最终收集上来的调试测试数据维度多达1500个。

（2）全链路打通。数据上传到Max Compute大数据平台，通过将调试、测试数据在产品—模块—通道—调试/测试等项目进行多个层级的数据关联，形成每一个产品在生产过程中调试工序和测试工序全链路的数据打通。

（3）寻优算法。基于机器学习平台PAI，利用大数据人工智能算法对调测关系做数据挖掘。通过对已生产产品样本进行决策分类，针对测试项目分成不同目标、不同水平的样本，根据调试项目内容聚类，从而计算每种类别的CPK（生产制成能力）水平，由此沉淀基于调测关系的检测规则。

（4）实时检测优化。基于上一阶段沉淀的检测规则，构建产品实时检测策略优化模型。对产线上已调试的产品（待测产品），按照基于调测关系的检测规则推荐抽检频率，选择合适的抽检策略。举个例子，比如当增益定标（信号放大指标）的调试值大于 -0.25 时，CPK则处于较高水平，系统会自动提高产品检测的抽免检比例，而如果调试值小于 -0.25，则需要进行全检。

基于参数优化的模拟结果如果超过预期，检测指标项就会从平均300个点位降到200个，调试子项目的耗时减少将超过35%，产品整体调试效率优化10%～20%。这时，车间的技术人员可从阿里云平台随时调用算法API，动态优化调试、测试过程，如图9-2所示。

图 9-2　阿里工业大脑参数与算法调优

2. 新起点、新征程

工业大数据的能力在成品检测环节得到了很好的印证，极大地增强了公司管理层的信心，于是开始着手工业大数据下一阶段的布局。

（1）全生产链测试优化。目前，工业大数据的应用仅局限在整机的测试环节，京信通信希望能够将测试的控制点前移到前端各组件环节，包括器件、PCBA、模块等，由此可以减少产品返修率，从而大幅提高最终的整机通过率。此外，公司通过对调试与测试过程参数的分析，可以优化 BOM 成本，为研发设计提供指导。

（2）行业测试云平台。无线通信行业中小企业众多，测试仪表设备贵重，需要优化仪表的利用效率，同时由于通信产品的测试认证复杂，很多企业没有能力搭建自动化测试系统。京信通信希望能够打造行业测试云平台，通过提供 AI SaaS 与 App 应用，满足广大中小企业生产过程中的自动化、智能化测试需求。

9.2.3　决策知识自动化：知识自动化系统

企业针对铅锌冶炼的原料采购建立了决策知识自动化系统，将对从上百家矿山的原料采购决策问题进行"智能+"赋能。系统决策问题的解决分为两步。

（1）建立决策模型。根据配矿数据知识、配矿机理知识及原矿分类基准模型，将上百种矿源按质量分为若干类，以每类采购资金最小为目标，以满足生产要求为约束，建立原料分类采购模型，依据分类采购决策模型，以及市场知识、企业生产知识等决策每一类原料各自的采购量。在实际的采购过程中，采购决策者还需要考虑同一种类型的精矿，其价格可能由于地区和分承包方的不同而有所不同。各个分承包方履行合同的情况也可能存在差别，有些分承包方的到货量超过了合同量，有些则不能完成合同量。有些分承包方属于经营性公司，每年提供的精矿品位可能不同。

（2）进行优化决策。这是对每一类的采购做进一步优化，即在分类决策结果的基础上，根据基于知识分析的供应商评估结果和矿源信息建立的供应商采购业务规模的扩大，以及信息化技术的深化应用进行综合优化决策。

该决策知识自动化系统采购方案借鉴了人工凭借知识进行采购决策的思路，不仅能够简化优化决策的计算量，而且一旦发生供应商导致的某矿源供货不足的情形，可以很容易从同类矿源中找到替代供应商，从而避免了人工决策的弊端，每年可以为企业节约数百万至数千万元的原料采购经费。

上述案例说明，人工智能技术能够助力有色金属产业在决策知识自动化方面实施智能制造，实现从传统生产方式向绿色化、高效化和智能化生产方式的转变。借助人工智能技术建立具有智能感知、智能认知和智能控制的智能自主系统以及具有智能协同的优化决策系统，是实现有色金属全流程绿色高效化生产的必由之路。

9.2.4 质量检测智能化：工业大脑

1. 工业大脑四步走

其实，AI 质检的思考逻辑与人类质检员相似，都是在大脑中形成对缺陷产品的记忆，并通过记忆与所检测产品进行比对，判定产品是否存在缺陷。而 AI 的优势在于远超人类的记忆力与推算能力，且不受外界干扰，也毫无疲惫感，毫秒间便能做出判断。如图 9-3 所示，工业大脑需要以下四个步骤才能实现该功能。

（1）记忆植入。记忆是决策的依据，项目首要任务就是要为工业大脑植入记忆。正泰质检部门将过去两三年中收集到的带有产品缺陷的五万多张图片上传到算法服务器中，图片涵盖了二十几余种缺陷类型，例如隐裂、缺角、黑斑、黑点、黑线、舟印、指纹印、区域发暗、烧结不良等。

（2）智力训练。工业大脑虽然有了记忆，但智力仍处于婴儿水平，并无判断对错的能力。因此，需要在每一张图片中，把不同缺陷类型都清晰地标注出来，再输入云计算平台，通过深度学习与图像处理技术做算法训练。算法就好比是数学公式，相同的答案可以有多种解题思路。一个聪明的算法可以在 EL 设备的协助下，每天在几万张图片中，以最优的方式识别出产品缺陷，清晰描述缺陷类别、长度、面积、形状等，同时做到实时报警。

（3）离线测试。模拟环境中训练出的算法，需要在离线环境中进行测试、优化。从最初的几千张到上万张，通过向算法不断输入新的图片进行训练，并对产品缺陷做进一步精细化标注，让算法可以从容应对所有可能出现的产品缺陷。

（4）线上实测。实际生产过程中的质检环境与离线环境相比更为复杂，AI 算法要经过实际产线上的考验。实测中出现的新问题需要反馈到算法模型中，把算法打磨得更聪明，判断问题更全面。

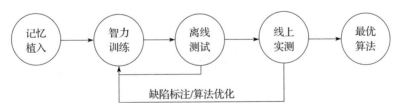

图 9-3　缺陷智能检测最优算法选择

最终，经过多轮的线上实测，AI 算法的识别准确度可达到 95% 以上。

不仅如此，从图像拍摄到数据接收、处理，然后到数据上传 MES 系统做缺陷判定，最后到 MES 系统下达指令给机械臂抓取缺陷产品，整个流程耗时不到 1 秒，仅为原先的一半，且检测过程无须人工参与。这一结果意味着质检效率增加一倍的同时，还可以腾出更多的人工从事更有价值的工作。

2. 新起点、新征程

AI 图像质检仅仅是正泰工业大脑之旅的起点，如图 9-4 所示。未来，工业大脑在跨工厂、跨价值流与跨产品线三个层面都将有更大的发挥空间。

- 跨工厂。工业大脑目前仅在正泰杭州工厂进行试点，预计未来几个月，大脑将复制、推广到正泰海宁、泰国等全球各个工厂。
- 跨产品线。工业大脑在多晶电池片积累的技术诀窍，正快速复制到单晶电池片与电池组件的质检环节。
- 跨价值流。工业大脑可以通过对产品瑕疵的分析，进一步对产品质量溯源，识别上游的问题工序，并通过关键因子识别与参数调优，对生产工艺进行改善。

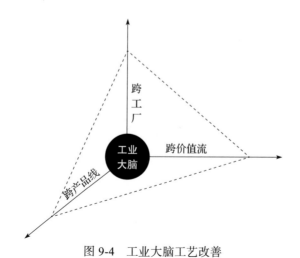

图 9-4　工业大脑工艺改善

9.3 "人工智能+"赋能制造的效能评价

人工智能技术的发展史主要可以分为两大流派，一类是以框架知识和语义网络为代表的基于规则的方法，模仿人类认识处理对象的方法，自上而下地建立规则体系来解决智能问题。另一类是以机器学习和神经网络为代表的基于数据统计的方法，依托个性化数据集和强大的计算能力进行学习，自下而上地通过训练得到计算模型实现智能计算的目的。从上述案例看，"智能+"赋能制造的理论并不成熟，需要解决的主要科学问题可以归纳为以下几种。

（1）复杂过程动态建模和工况动态感知。包括具有复杂机理的生产过程动态建模、虚拟仿真与可视化，复杂环境下物料成分、特殊生产参数快速检测技术，多源异构多模动态数据特征表示与提取，大数据与机理知识相结合的运行工况动态感知。

（2）动态特性认知和知识发现。包括多时空动态数据时序因果关联的深度学习，大数据环境下生产过程知识发现与高效获取，知识关联建模与自学习方法，生产过程多源知识的融合与迁移学习。

（3）大数据环境下知识驱动的多目标动态决策。包括大数据与知识驱动的多尺度、多冲突目标动态协同决策理论，高动态性能的智能自主控制方法，生产全流程动态性能评估与智能调整方法。

（4）信息物理系统融合与协同。包括人—机—物系统自主协同控制与智能优化，信息物理系统的防御与安全，不确定及开放环境下的人机合作决策与互相学习。

与此同时也有很多有价值的启示，如下所述。

9.3.1 云计算赋能评价

从前述基于云计算的人工智能赋能案例中可以得到如下启示：

（1）进行赋能的前提仍然是对痛点场景的把握。如恒逸石化案例中，在企业面临能耗大、燃煤效率低的问题时，提高燃煤效率便成了赋能的痛点应用场景。

（2）案例中的企业借助云计算的支持，避免了企业自建 AI 中心与大数据中心的巨大基础设施建设投入，实现了轻量级的"人工智能+"赋能。

（3）应用企业与云计算企业的紧密合作是实施赋能成功的必要条件之一。应用企业虽然对自己的实际情况比较了解，但是对人工智能的具体技术不是很了解，难以自己直接实施，而人工智能企业由于不了解企业业务与生产情况，也难以直接进行赋能，二者的融合才是赋能成功的关键。

9.3.2 工业大数据赋能评价

从前述工业大数据应用的案例可以得到三点启示：

（1）离散制造业加工任务的分散并不意味着工业大数据价值的发挥会大打折扣，关键在于对数据的理解以及场景的深挖。外部数据专家的引入有助于企业跳出传统思维框架，站在新的视角，唤醒数据潜能。

（2）京信通信工业大数据项目的成功绝非偶然。如果把工业大数据比作"剑宗"，灵动、见效快，那么 IT/OT 融合则是"气宗"，需要扎实的基本功。工厂多年在 IT 与 OT 上的投入以及数据的积累为大数据的发挥打下了扎实的基础，而工业大数据的应用则有助于发现 IT/OT 融合上的盲点，倒逼工厂的信息化与自动化升级。

（3）天下武功，唯快不破。工业大数据的实施不能走一步到位的路子，应该采用单点突破的方法，从生产环境中的某个痛点下手。关键是要加快试错与迭代的节奏，进而快速复制，扩展到其他生产场景，最终形成工厂的全局智能。

9.3.3 知识自动化赋能评价

有色金属工业高效化、绿色化转型升级的主要途径是生产过程智能化，关键是通过人工智能技术实现生产过程的智能感知、认知和决策。前述案例只是"人工智能+"赋能有色金属工业一个微小的点的应用，行业的全面应用则还有很多有色金属生产过程中所面临的一些具体问题亟待解决：

- 需要面对开放受扰、不确定的动态生产环境，以及对多时空尺度和不完备数据集进行全局工况态势的感知和认知。
- 生产情境难以表征，生产控制和决策对应的复杂信息难以计算，需要学习处理不完备小样本数据中包含的碎片化隐性知识。
- 过程机理复杂，无法精确建模；多工序关联耦合，协同操作优化难度大。
- 影响决策的各种要素存在定义不清晰、尺度不一致和多目标冲突等问题，分层跨域敏捷决策困难。

由此可知，有色金属工业生产并不满足封闭集合、完备规则和有限约束等现有前提，其"智能+"赋能对人工智能技术本身提出了更大的挑战。要实现有色金属生产过程的智能化，应当把自上而下的规则和自下而上的数据两类资源在有色金属工业生产过程的人—机—物从信息物理空间中有效融合起来。从有色金属制造环境的智能感知、人—机—物系统协同的智能自主控制以及动态智能优化决策等方面实现有色金属工业智能化。

总的来说，我国有色金属工业目前在生产装置与工艺技术等方面与世界先进水平相比，正处于从大到强的关键时期，迫切需要通过生产全流程的智能化实现绿色高效生产。人工智能技术与有色金属工业的深度融合，可为有色金属工业转型升级提供强有力的支撑，从而把我国建成具有技术引领能力的有色金属工业强国，同时促进人工智能技术的进一步发展，实现工业文明与生态文明的协同发展。

9.3.4 工业大脑赋能评价

正泰工业大脑项目有三点启示：

（1）当前，中国制造企业整体自动化、数字化与智能化水平处于相对初级的阶段。以点作为突破口，带动线与面的发展，是一个相对稳健的"智能+"赋能制造的发展方法。

（2）工业智能化项目收益与风险并存。在业务场景识别上，除了考虑业务价值，更要正确评估自身的数字化水平以及外部大数据合作伙伴的能力与最佳实践，确保项目成功率，这样才能进一步赢得管理层的信任，加速工业智能的整体推进。

（3）AI图像处理技术在光伏、纺织、LCD、PCB、芯片等多个行业取得的成功，证明了图像技术的可塑性。AI图像处理技术的跨界复制与持续迭代能力将加速该技术的产品化落地，最终实现制造业的规模化应用。

参考文献

[1] Appelbaum, Steven H, Hébert, et al. Empowerment: Power, Culture and Leadership Strategy or Fad for the Millennium [J]. *Journal of Workplace Learning: Employee Counselling Today*, 1999, 11 (7): 233-254.

[2] 雷巧玲. 授权赋能研究综述 [J]. 科技进步与对策, 2006 (08): 196-199.

[3] 周文辉, 杨苗, 王鹏程, 等. 赋能、价值共创与战略创业：基于韩都与芬尼的纵向案例研究 [J]. 管理评论, 2017, 29 (07): 258-272.

[4] 张曙. 制造业信息化的现状与未来 [J]. 制造业自动化, 2003 (04): 1-6.

[5] 姜元. 安全件生产过程可追溯管理的探索与实践 [J]. 机械管理开发, 2013 (03): 207-208.

[6] 程涛, 胡春, 吴波, 等. 分布式网络化制造系统构想 [J]. 中国机械工程, 1999 (11): 42-46.

[7] 邵立国. 新业态：互联网思维下的制造业 [Z]. 赛迪智库, 2015.

[8] Paul Kenneth Wright, David Alan Bourne. Manufacturing Intelligence [M]. Addison-Wesley Longman Publishing Co., Inc. Boston, MA, USA:1988.

[9] 工业和信息化部, 国家标准化管理委员会. 国家智能制造标准体系建设指南（2018年版）[J]. 机械工业标准化与质量, 2018 (12): 7-14.

［10］ 中国电子技术标准化研究所. 智能制造能力成熟度模型白皮书（1.0）[R/OL].（2016-09-20）[2016-09-22]. https://www.sohu.com/a/114832650_465920.

［11］ "新一代人工智能引领下的智能制造研究"课题组. 中国智能制造发展战略研究[J]. 中国工程科学，2018，20（04）：1-8.

［12］ Kang H S, Lee J Y, Choi S S, et al. Smart Manufacturing：Past Research, Present Findings, and Future Directions[J]. International Journal of Precision Engineering and Manufacturing-Green Technology，2016，3（1）：111-128.

［13］ Davis J, Edgar T, Porter J, et al. Smart Manufacturing, Manufacturing Intelligence and Demand-dynamic Performance[J]. Computers & Chemical Engineering，2012，47：145-156.

［14］ Roa M A, Berenson D, Huang W. Mobile Manipulation：Toward Smart Manufacturing[TC spotlight][J]. IEEE Robotics & Automation Magazine，2015，22（4）：14-15.

［15］ Zhou J, Li P, Zhou Y, et al. Toward New-generation Intelligent Manufacturing[J]. Engineering，2018，4（1）：11-20.

［16］ 周佳军，姚锡凡，刘敏，等. 几种新兴智能制造模式研究评述[J]. 计算机集成制造系统，2017，23（03）：624-639.

［17］ 周济. 智能制造——"中国制造2025"的主攻方向[J]. 中国机械工程，2015，26（17）：2273-2284.

［18］ 师汉民，陈吉红，阎兴，等. 人工神经网络及其在机械工程领域中的应用[J]. 中国机械工程，1997（02）：5-10，121.

［19］ Zhang H C, Huang S H. Applications of Neural Networks in Manufacturing：a State-of-the-art Survey[J]. The International Journal of Production Research，1995，33（3）：705-728.

［20］ Zhang M, Lettice F, Zhao X. The Impact of Social Capital on Mass Customisation and Product Innovation Capabilities[J]. International Journal of *Production Research*, 2015, 53 (17): 5251-5264.

[21] Zhang M, Qi Y, Zhao X, et al. Mass Customisation Systems: Complementarities and Performance Consequences [J]. *International Journal of Logistics Research and Applications*, 2015, 18 (6): 459-475.

[22] Erevelles S, Fukawa N, Swayne L. Big Data Consumer Analytics and The Transformation of Marketing [J]. *Journal of Business Research*, 2016, 69 (2): 897-904.

[23] Zhang J, Deng B, Li X, et al. An Improved Algorithm for Calculating Flow Paths of Injection-Production in Single Sand Body in Old Oilfields Under the Background of Big Data [M]. Information Science and Applications (ICISA) 2016. Springer, Singapore, 2016: 795-804.

[24] 周济. 新一代智能制造成为新工业革命的核心驱动力 [R/OL]. (2018-01-12)[2018-01-13]. https://www.sohu.com/a/216345786-290901.

[25] 高艺. 刍议现代企业运营管理的发展趋势 [J]. 时代经贸, 2018 (07): 72-73.

[26] 王会新, 沈江. 工业企业网络化管理模式的研究 [D]. 辽宁工学院学报, 2006 (04): 224-226, 229.

[27] 王玮, 杜书升, 曹溪. 工业互联网引发的"颠覆式"管理变革 [J]. 清华管理评论, 2019 (03): 62-72.

[28] 苏冠贤. 办公自动化系统与档案管理系统优化整合模式研究 [J]. 档案学研究, 2017 (05): 86-91.

[29] 巩慧娟. 浅谈 OA 系统对企业管理效率的提升 [J]. 科技与创新, 2019 (05): 35-36, 39.

[30] 张守丽, 黄建鹏. 互联网背景下的移动 OA 协同在高职院校中的应用与研究 [J]. 电脑知识与技术, 2017, 13 (32): 87-88, 102.

[31] 王建平. 什么是产业互联网 [J]. 中国信息界, 2019 (01): 76-79.

[32] 企业上云实战案例: 工业制造企业文档云存储解决方案 [Z/OL]. [2018-08-06]. https://max.book118.com/html/2018/0806/5001332114001304.

shtm.

［33］万峻，蒋莹，李晓琼. 企业文档云化管理必要性［J］. 中国新通信，2016，18（19）：52.

［34］吕佑龙，张洁. 基于大数据的智慧工厂技术框架［J］. 计算机集成制造系统，2016，22（11）：2691-2697.

［35］李艺，束超慧，李曼罗. 大数据产业与装备制造业融合发展研究［D］. 沈阳工业大学学报（社会科学版），2018，11（06）：519-524.

［36］吕明元. 推动制造业与大数据融合实现转型发展［N］. 天津日报，2019-06-17（9）.

［37］朱敏. 万物智联：大数据重塑制造业［J］. 企业管理，2018（06）：91-94.

［38］袁小锋，桂卫华，陈晓方，等. 人工智能助力有色金属工业转型升级［J］. 中国工程科学，2018，20（04）：59-65.

［39］【工业大数据】制造业大数据标准化应用及成功案例分析［EB/OL］.（2018-04-17）［2019-12-22］. https：//mp.weixin.qq.com/s/aim6R0-4nXVthIcFJBbmqA.

［40］【工业大数据】工业大数据真正要做的是智能分析和智能决策［EB/OL］.（2018-01-22）［2019-12-22］. https：//mp.weixin.qq.com/s/ikOYA56Esj3RLk4hP1M4WA.